# 多文化社会の偏見・差別

形成のメカニズムと低減のための教育

加賀美常美代
横田雅弘
坪井 健
工藤和宏
◆編著

異文化間教育学会
◆企画

明石書店

# はじめに

　近年、国内外でのグローバル化が進行する中で、文化的に多様な背景をもつ人々との共生は現代的・社会的課題である。異文化間教育学会ではこうした現状を踏まえ、これまで学会大会における公開シンポジウムや特定課題研究などを通して検討してきたが、「偏見形成のメカニズムと偏見低減」というテーマについては、重要かつ深刻な問題であるにもかかわらず、これまで正面から取り組んで来なかった。このような問題意識をもとに、第32回大会公開シンポジウムでは、偏見形成のメカニズムと低減のための教育実践をテーマに、次のとおり課題を設定した。1) 偏見はどのように形成されるのか、2) 偏見・差別はどのようにその人を苦悩させるのか、3) 偏見低減のためにどのような可能性があり、どのような効果的な教育実践があるか、4) 社会心理学の理論から研究と実践を交差させ偏見低減の可能性をどのように考えていくかである。これらの課題を研究、実践、理論的側面から、また、マイノリティ、当事者の視点を考慮しながら、多文化社会において多様性の尊重とは何かを探り、誰一人切り捨てられない社会、学校コミュニティを目指し、4名のシンポジストに登壇していただき、多角的な視点から検討していった。

　本書はこうした第32回大会公開シンポジウムの報告を土台に、異文化間教育を学ぼうとする学生たちのためのテキストとして、シンポジストの書き下ろし原稿のほかに、海外体験者事例、大学における偏見と差別に関する実践、ヒューマンライブラリーの概説やオーストラリアでの取り組みなどを付加し、まとめ上げたものであ

る。偏見と差別のテーマは重く、解決の見通しの立たないトピックと考えがちであるが、著者たちはそれぞれの立場からそのトピックに対峙し、偏見低減に向けたメッセージを学生たちのこころに届くようにわかりやすく伝えてくれている。

本書は2部、全8章から構成されている。第1部は、偏見の形成メカニズムに関する実証データ、行動観察、差別体験をもつ当事者の事例などを通して示したものである。第2部は、偏見低減の社会心理学的理論と大学における偏見低減の実践活動、ヒューマンライブラリーに関する取り組みなどを示したものである。

まず、第1部の第1章はグローバル社会における偏見と多様性について、日本社会がどのように変化したかを明らかにしたうえで、日本人ホスト側の受容意識はどのようなものか、外国人が感じる偏見はどのようなものか、その現状と偏見形成のメカニズムを探っている。それらを踏まえたうえで偏見低減の可能性とグローバル社会における多様性を容認することはどのようなものか考えていく。第2章は、日本の幼稚園で日本人幼児と外国人幼児（片親または両親が外国籍の子ども）が、どのような前偏見（幼児独自の偏見）を形成しているのかを事例、フィールドワークを通して明らかにする。第3章は差別体験をもつ当事者の事例を2つ取り上げた。事例1では、ユニークフェイスの当事者の立場からこれまでの人生を振り返り、差別体験と対処行動などを語り、障がいをもつ人々の社会的認知の重要性を示している。事例2では、複数の国での海外生活体験と障がいをもつ家族との生活の中で、当事者およびその家族がどのような苦悩をもっているか、半生を振り返り、現在の肯定的自己感に至るまでを語っている。

第2部の第4章では、社会心理学の集団間接触理論を紹介し、それに基づき偏見の低減の可能性について概説している。第5章では

大学の異文化間教育関連の実習授業で扱った偏見と差別について、受講生（学部生）と実習生（大学院生）の学びと偏見低減に向けた効果についてデータから分析した。第6章では、世界的に注目されているヒューマンライブラリーの紹介と日本への導入について概説した。第7章では、ヒューマンライブラリーの大学における実践活動について詳細に論じている。この実践を通して、運営者である学生がどのような気づきを得たか、偏見低減の可能性がどのようなものか示した。第8章ではオーストラリアのある都市におけるヒューマンライブラリーの実践とコミュニティにおける根づきと広がりを現地調査から報告している。

　本書は、財団法人公文国際奨学財団による平成23年度国際教育関係学会等団体助成事業による助成（研究プロジェクトテーマ「偏見の形成メカニズムと低減のための教育」、研究代表者：加賀美常美代）のもとで実現できた。公開シンポジウムに至るまで3回にわたる研究会では、どのようなシンポジウムにしたら、聴衆の方々がわかりやすいか、何度も討議が行われた。こうしたシンポジストたちの熱心な討議と共同活動のおかげで、公開シンポジウムでは多くの学会員、学会以外の参加者の方々がこのテーマに関心をもってくださり、有意義な学術交流が行われた。本著の発刊に向けては公開シンポジウムに参加くださった方々やぜひ書籍にしてほしいという会員の方々の強い後押しもあり、何とかここまでたどり着いた。応援して下さった多くの学会及び学会以外の関係者にこころより感謝を申し上げたい。

　最後になってしまい大変恐縮であるが、本書の出版を快く引き受けてくださり、適切な助言をいただいた明石書店の大江道雅氏に改めてお礼を申し上げたい。

編者代表　　加賀美常美代

# 目次

はじめに ……………………………………………………… *3*

# 第1部————多文化社会における偏見形成

## 第1章　グローバル社会における多様性と偏見 …………………… *12*
　　　　［加賀美常美代］

　　はじめに
　　1．データから見た日本社会の変化
　　2．日本の地域社会における外国人との異文化接触と受容
　　3．外国人留学生の異文化接触における被差別感
　　4．外国人児童生徒たちの同化要請と排除
　　5．集団間コンフリクト
　　6．偏見はどのように形成されるか
　　7．偏見が生じる原因
　　8．偏見はどうすれば低減されるか：接触仮説から
　　9．どのように偏見を低減・解消していくか：
　　　　シェリフのサマーキャンプ実験から
　　10．グローバル社会の多様性：対岸の火事にしないために
　　おわりに

## 第2章　幼児の前偏見の生成と低減の可能性 ……………………… *37*
　　　　［佐藤千瀬］

　　はじめに
　　1．前偏見とは
　　2．前偏見の生成と形成
　　3．前偏見低減の可能性
　　おわりに

## 第 3 章　差別の体験がどのように当事者を苦しめるか
　　──ライフストーリー　………………………………… 57

### 3-1　ユニークフェイス ………………………………………… 57
［手塚章太朗］

　　はじめに「ユニークフェイス」とは？
　　当事者の立場から──「差別」の体験
　　おわりに

### 3-2　異文化体験と障がいをもつ家族との関係 ……………… 73
［坂田麗子］

　　1．はじめに──私はいつもマイノリティだった
　　2．帰国子女であること
　　3．障がい者の姉がいること
　　4．今回お話ししたいこと
　　5．いつ頃から障がい者の姉妹であることを意識するようになったか
　　　──アルゼンチン〜マレーシア時代
　　6．帰国子女であることの壁──高校時代
　　7．高校生活でのある変容──高校1年の夏休み
　　8．高校時代に家庭で抱えていたこと
　　9．帰国子女であるコンプレックス──大学時代
　　10．アルゼンチン留学（異文化社会に適応するまで）
　　11．カウンセリングから始まる自我への目覚め
　　12．帰国子女に固執する大学院時代
　　13．過去のステレオタイプからの脱却（アメリカへ）
　　14．家族との関係性の変化
　　15．今、私が思うこと

# 第2部————偏見低減の理論と方法

## 第4章　偏見低減のための理論と可能性 ……………………… *100*
[浅井暢子]

はじめに
1. 偏見の形成
2. 偏見の低減
おわりに

## 第5章　大学における偏見低減のための教育実習とその効果 ……… *125*
[加賀美常美代・守谷智美・村越彩・岡村佳代・黄美蘭・冨田裕香]

はじめに
1. 偏見と差別の教育実習授業の目的と概要
2. カテゴリー化・ステレオタイプ・偏見に関する実習授業（1回目）を通した受講生の学び
3. 差別と差別解消に関する実習授業（2回目）を通した受講生の学び
4. 2回の実習授業を通した受講生の学びの変容
5. 偏見・差別の教育実習を通した実習生の振り返り
おわりに――まとめ

## 第6章　ヒューマンライブラリーとは何か
　　　　――その背景と開催への誘い ……………………… *150*
[横田雅弘]

はじめに
1. 具体的な体験を通して学ぶ教育実践
2. 3つの教育実践
3. ヒューマンライブラリーの歴史
4. ヒューマンライブラリーの組織と開催場所
5. ヒューマンライブラリーを開催してみる――開催の手引き
おわりに

第7章　大学におけるヒューマンライブラリーの実践
　　　　──駒澤大学坪井ゼミの取り組みから　……………………172
　　　［坪井健］

　　はじめに
　　1．なぜヒューマンライブラリーに取り組んだか
　　2．「本」探しとチームづくりのプロセス──苦闘と成長の3ヶ月
　　3．ヒューマンライブラリー実施のプロセス
　　4．ヒューマンライブラリーの効果
　　おわりに──ヒューマンライブラリーのすすめ

第8章　偏見低減に向けた地域の取り組み
　　　　──オーストラリアのヒューマンライブラリーに学ぶ　……199
　　　［工藤和宏］

　　はじめに
　　1．オーストラリアにおけるヒューマンライブラリーの広がり
　　2．リズモー・ヒューマンライブラリーの今
　　3．オーバン・ヒューマンライブラリー
　　おわりに


おわりに　……………………………………………………………221

編者・執筆者紹介　…………………………………………………223

# 第1部 多文化社会における偏見形成

# 1 グローバル社会における多様性と偏見

加賀美常美代

## はじめに

　本章では、昨今の日本社会における外国人の接触と日本人ホスト側の受容意識はどのようなものか現状について触れ、外国人留学生の被差別感、外国人児童生徒の抱える問題はどのようなものか論じていくことにする。それらを踏まえたうえで、集団間コンフリクトとはどのようなものか、偏見はどのように形成されるのか、なぜ偏見は形成されるのか、接触仮説をもとに偏見低減の可能性に言及し、グローバル社会における多様性の容認とはどのようなものか、検討していくことにする。

## 1．データから見た日本社会の変化

　近年、日本に住む外国人の数は上昇の一途をたどっている。法務省入国管理局の2009年末のデータでは、外国人登録者数は2,186,121人である。この数は1978年に比べると2.85倍となっており、わが国総人口の1.71%である。出身国数は189か国にわたり中国が最も多く、韓国・朝鮮、ブラジル、フィリピン、ペルー、アメリカ合衆国と続いている。1998年以来の推移をみると、中国、ブラジル、フィリピン、ペルー、アメリカは増加傾向にあるものの、特別永住者が多数を占める韓国・朝鮮は高齢化とともに減少を続け

ている<sup>(1)</sup>。他方、ニューカマーと呼ばれるブラジル、ペルー出身者が急増したのは、1990年6月に「出入国管理及び難民認定法」の改正が施行され、日系2世、3世の人々が「定住者」の在留資格で就労が可能になったためである。

それでは、どのような地域に外国人は居住しているのであろうか。2008年の都道府県別外国人登録者数をみると、東京、愛知、大阪、神奈川、埼玉、千葉、静岡、兵庫、岐阜、茨城が上位を占め、大都市圏に集中していることがわかる<sup>(2)</sup>。いずれも日本の産業を担う大企業や工場などが誘致されているところに外国人が就労しており、身近な地域社会において生活者として居住していることがわかる。

外国人居住者が増えるとともに、同伴される子どもたちも増加してきた。子どもたちは日本語が未習得のまま来日するため、学校教育において日本語指導が必要とされる<sup>(3)</sup>。2010年の文部科学省の調査では、全国の公立小・中・高等学校、中等教育学校及び盲・聾・養護学校に在籍する日本語指導が必要な外国人児童生徒数は28,511人で、過去最高となった。彼らの母語はポルトガル語、中国語、フィリピノ語及びスペイン語の4言語で全体の8割以上を占めている。東京、大阪、愛知、横浜、静岡など大都市では、このように多様な国籍と母語をもつ子どもたちが増加し、学校を構成する生徒たちも近年大きく変化していることがみてとれる。

大学など高等教育機関で学ぶ留学生の受入れについても増加の一途をたどっている。1969年には4,000人にも満たなかった留学生が1990年には48,000人を超えるほど増加し、2010年の留学生数は141,774人に達した。国別では中国が最も多く約60%を占め、次いで韓国、台湾、ベトナムの順となっている。大学の留学生受入れは1983年から始まった「留学生10万人計画」に与るところが大きく、国の制度として進められてきた。近年は2020年を目処に30

万人の留学生受入れを目指す、「留学生30万人計画」（文部科学省，2008）が提唱されている。それによると日本を世界により開かれた国とし、アジア、世界のヒト・モノ・カネ、情報の流れを拡大する「グローバル戦略」を展開する一環として、入学から卒業・修了後の就職支援に至るまで幅広い施策が打ち出されている。

このように、上記のさまざまなデータは、外国人の増加により地域社会、大学・学校コミュニティを構成する人々がここ数十年で変化しており、日本社会が多文化化してきていることを示している。この現状を私たちはどのように捉え対応したらよいであろうか。地域社会、大学・学校コミュニティの中に、文化的背景の異なる多様な価値観、全く日本語ができない人々や子どもたちが入ってきたときに、地域社会や学校は外国籍の人々やその子どもたちの多様性を長所として適切に受容することができるのか、また、一時滞在者としてではなく住民として共に生き、また日本に居住する子どもたちとして長期的に育てていくことができるのかということである。

多様な人々、子どもたちを地域社会や大学・学校コミュニティに受け入れるということは、マジョリティの人々の価値観とは異なる価値観をもつ人々と接触することを意味する。ホスト社会の人々は年齢、性別、民族、集団、言語、文化などの多様性をもつ人々（少数者：マイノリティ）を理解し、双方が居心地良く共に生きていくことのできる地域社会、大学・学校コミュニティを保証することが必要となる。そのためには、これまで「当然だとされる価値観」の捉えなおしをしなくてはならない。つまり、地域社会、学校が単一の価値観だけに固執することなく、多様な価値観を取り入れ共有することが必要となってくる。地域住民と外国人定住者やその家族、学校コミュニティにおける教員、生徒やニューカマーの児童生徒たちとのかかわり方や共生について、当事者として外国人と日本人がど

のように共存し生きていくか、グローバル化社会における重要な社会心理的課題を私たちは課せられている。

しかしながら、ホスト社会の人々は自分たちのもっている価値観と異なる価値観をたやすく受容することは難しく、現実的には排除したり忌避したりすることも考えられる。オルポート（Allport, G. W., 1954）は、単純に外国人との接触機会が増えればよいというわけではなく、接触のあり方によっては接触することにより相手に対する態度が否定的になることを示している。さらに、否定的態度が強くなればなるほどより敵対行為となって現れるとし、(1) 誹謗 (2) 回避 (3) 隔離 (4) 身体的攻撃 (5) 絶滅、の順で否定的行為が生じると述べている。誹謗とは陰口をいう、回避とは嫌いな人には近づかない、隔離とは仲間外れやいじめ、身体的攻撃は暴力、絶滅は民族大虐殺であり、この最も極端な例がナチスドイツのユダヤ人迫害の例である。このことからわかるように過去において寛容ではない人類の歴史も存在する。つまり、多様性を容認する寛容性と社会における偏見と差別の問題は密接に関連し、私たちはその現状を直視しなければならない。

## 2. 日本の地域社会における外国人との異文化接触と受容

日本社会の外国人に対する意識はどのようなものであろうか。いくつかの地域社会を対象にした調査では、外国人に対する共生意識、差別や偏見などが大きな問題となっている。地域に居住する外国人に対する地域住民のさまざまな態度は、地域社会の人間関係や多様なシステムに影響を与えている。

千葉県佐倉市の外国人に対する意識調査（2010）によると、外国

人に顔を合わせるかどうかという質問では「よくある」「時々ある」と答えた人は50.5%であった。また、どのような付き合いがあるかという質問では、「全くない」と答えた人が57.9%であった。「挨拶程度」が17.6%、「一緒に働いている」13.5%、「友人として付き合っている」10.8%であった。さらに、生活地域に外国人が増加することに賛成か反対かという質問では、「どちらかというと反対」と答えた人が最も多く半数を占めた。このように、外国人と顔を合わせていながら付き合いがないというのが現状で、地域社会で外国人が増加することに対してあまり肯定的な印象をもっていなかった。

大槻（2006）は、全国489地点で満20歳から89歳の1,957名を対象に外国人に対する意識と接触について質問紙調査を行った。その結果、挨拶を交わしたりする程度の日常的な接触、外国人を見かける程度の間接的接触でも、外国人受入れに肯定的であることを示した。これはアメリカ社会と異なり日本社会では気楽な接触のため、偏見や排外意識を増大させるような影響が起きなかったのではないかと大槻は説明している。

永吉（2008）は、同様の1,957名を対象にした調査データから、排外意識に対する接触と脅威認知について検討した。その結果、否定的影響を認知した場合や影響がわからないと認知した場合には排外意識が高くなる傾向が示された。また、外国籍者の割合が低い地域においては肯定的影響のみが認知される傾向が見られ、排外意識が抑制されることが示された。このように、地域における異文化接触と受容意識の状況を示した調査研究は、接触が肯定的態度になるという結果とそうでない結果が入り混じっている現状がある。

## 3．外国人留学生の異文化接触における被差別感

　留学生が感じる被差別感については、留学生を対象にしたインタビュー（永井, 1997 など）や対日イメージから示した研究がある（岩男・萩原, 1988）。私費留学生の中には外国人という理由でアルバイトを拒否された経験から被差別意識を抱く学生も多い。日本語学校に通学する中国人学生を対象にした調査では、アルバイト先での処遇や日本人の態度が差別的であるという不満が最も多く指摘されている（加賀美, 1994）。同様に、黄（2010）によると中国人日本語学校生はアルバイト先で日本人上司から被差別感を感じることが最も多く、全体の53.1％（32例中17例）を占めた。また、栖原（1996）は日本で多数を占めるアジア系留学生のいろいろな留学生活上の障壁を指摘し、特にアパート探しのときの差別を取り上げた。帰国留学生の研究として、徐（1996）は偏見や差別体験が帰国後も心理的に影響を及ぼすことを挙げている。多くの中国人帰国留学生が「日本社会の閉鎖性」「欧米を崇拝し、アジアを見下す」「偏見や差別」など留学生活の中で経験した日本人の差別的な態度に民族的自尊心を傷つけられていることを示した。

　こうした差別体験や被差別意識から、留学生と日本人学生の良好な交流が促進されないことをいくつかの研究でも表している。李（2005）は中国人留学生を対象に日本人イメージ調査を行い、中国人留学生は日本人との交流の難しさや差別体験を指摘している。同じく中国人留学生を対象に対日イメージを調査した葛（2007）は、留学後に日本人学生との間に歴史認識の差異を感じることから親和性や先進性のイメージが悪化し、友人形成が困難になることを明らかにしている。こうした研究に対し、石原（2011）の調査では、年齢の高い中国人留学生は日本人学生に対し双方向的な深い交流を求め

ておらず、自分や自国への関心や尊敬を求めるという一方向的で主観的な期待をもっており、この期待が被害意識や被差別感の認識に至っていることを示している。このように、日本で経験した留学生の被差別感は、いろいろな形で留学生と日本人学生の良好な関係構築を阻害していることが推測できる。

## 4．外国人児童生徒たちの同化要請と排除

上述したとおり、外国人の合法的な就労に同伴し来日する子どもたちも増加しているが、1990年の後半以降、学校ではさまざまな問題が生じてきている。恒吉（1996）が言う「一斉共同体主義」的な学校では、等質的な価値が優先され多様な価値観が認められない。たとえば、外国につながる児童、生徒については、学習困難な状況があってもゆとり教育ではそれが個性として見なされ教師から放置されている（志水・清水, 2001）現状がある。その結果、不登校、不就学になるなど問題が散見している（宮島・太田, 2005）。

外国人居住者の集住地域におけるニューカマー生徒の中学校生活における困難について検討した岡村（2011）は、「情報・サポート不足」「日本人ピアとの不和」「学校・教師不信」「同化要請」「日本人の異文化理解不足」「部活文化への困惑」の6因子を挙げている。このことから、学校での異文化理解の欠如や教師や同級生との人間関係の不和が問題にされており、子どもたちの生きにくさがわかる。特に、ブラジル人の子どもたちについては、両親の教育戦略や帰国予定が不明確で長期化しているため、家庭では二言語になるものの母語保持が難しいケースもあり、自国アイデンティティが形成されにくいことが考えられる（イシカワ, 2005）。子どもたちが日本語やホスト社会・文化によって社会化（同化）される一方で、家庭内で

は母語による両親とのコミュニケーションが難しくなってきている。両親は日本語によるコミュニケーションができずに子どもとも母語による会話ができないため、子どもの家庭内言語もどっちつかずになっている。言語の問題は親子関係にも影響しており、家庭内でのパワーが逆転し、世代間葛藤、文化的葛藤などが生じ、上述したようにアイデンティティ形成における心理的問題にもつながってくる（加賀美, 2006）。

こうした中、彼らはブラジル人としてのアイデンティティの維持が困難なうえ、日本への同化が強いられ外見上の明らかな違いにより集団から排除された「境界化」の状態である（光長・田渕, 2002）。このように、公立学校の多くが急速な日本社会の国際化に対応できずに、学校文化のマジョリティの等質的な価値が維持され、マイノリティの多様な価値が排除されている現状がある。

## 5．集団間コンフリクト

外国人居住者の増加は、日本人と外国人との異文化接触を不可避なものとする。特に外国籍の人々が多く居住する地域は顕著であろう。オルポート（1954）は、単なる接触の増加は、相手に対する否定的態度を形成しやすいことを言及している。そこには、さまざまな人種・民族が混じり合い、文化的価値観が相反するため、当然のことながらさまざまなコンフリクト（葛藤）も発生してくる。

コンフリクトとは、自分と相手の期待が不一致の状態を指す。期待していることが妨害されていると関係者が認知する状態のことである（Thomas, 1976）。コンフリクトには、一般的に個人と個人の間で生じる対人葛藤と集団と集団の間で生じる集団間コンフリクトがある。コンフリクトは人間社会の中で避けられないものである。特

に、異なる文化的背景をもつ人々は、相手の期待やコミュニケーション方略、取り巻く文脈や状況が理解できないために、さまざまな誤解や摩擦が生じやすい。

シェリフ（Shelif, 1962）は、集団間コンフリクトを2つ以上の集団と集団の衝突という側面だけでなく、社会的カテゴリーの差異が存在するとき、または顕著であるとき、ある集団に所属しその集団に同一視する個人と、別の集団に所属しその集団に同一視する個人という人間同士で生じた認知的不一致の状態と述べている。

ランディスとボーチャー（Landis & Boucher, 1987）は、集団間コンフリクトの特徴を次のように述べている。第1に、集団間コンフリクトは社会的アイデンティティやステレオタイプを活性化させる集団の認知した差異に関連する。第2に、集団間コンフリクトはしばしば領土（territory）への要求に関連する。第3に、集団間コンフリクトは勢力と資源における集団の差異に関連する。第4に、集団間コンフリクトは言語使用や言語政策の不一致に関連する。第5に、集団間コンフリクトは好まれる解決過程が集団により異なることから悪化する。第6に、集団間コンフリクトは宗教的違いによって悪化する。以上のような集団間コンフリクトの特徴は、集団を文化に置き換えると異文化間コンフリクトの特徴とも考えられる。

ランディスたち（1987）の指摘に関連して例をあげると、第1の社会的アイデンティティやステレオタイプを活性化させる集団の差異については、ワールドカップなどのスポーツ観戦が挙げられる。国ごとにカテゴリーが顕現され、愛国心の高揚とともに相手に対する敵対心も強くなる。アジア諸国でのスポーツ観戦中には、反日感情が高揚する例がマスメディアでもよく取り上げられる。第2の領土への要求についても、竹島問題、北方領土、尖閣諸島問題などがあり、それは第3に指摘する外交問題と国の利益や資源と関連して

いる。最近、日本の政治家が竹島に視察のため出かけたものの入国許可されなかったというマスメディアでの報道もこれに類するものである。

第4の言語使用の不一致に関しては、言語使用は日本の地域社会では基本的には日本語使用であるが、一部の企業では英語使用になってきたり、一部の大学では留学生を対象に英語のみの授業も提供されてきたりしている。こうした言語使用については、企業や大学のグローバル化を促進させる契機になると同時に、言語による権力格差も出てくるだろう。また、外国人児童の公立学校においては日本語習得が前提とされる現状がある。母語通訳使用も一部の集住地域においては実施されているものの、第二言語習得をするうえで母語習得が重要であるという議論はやっと始まってきた感がある。政策レベルでは、日本語習得については考慮されているが、子どもたちの母語保持についてはまだ緒についていない。

第5のコンフリクトについては、集団によって好まれる葛藤解決方略が異なるために、異文化間コミュニケーションにおいて誤解が生じる可能性がある。たとえば、日本人学生はアメリカ人学生よりコミュニケーションにおいて対立場面では回避方略傾向を多く用いており、対決方略である主張をあまり用いない傾向がある (Ohbuchi & Takahashi, 1994)。こうしたコミュニケーション方略の違いから対等で直接双方向的な関係にはなりにくいといえる。

第6の宗教的違いについて、中東の紛争地域などキリスト教、イスラム教など宗教に対する寛容性や宗教をめぐる規範の容認の問題が大きい。2001年9月11日にアメリカで起きた同時多発テロは、世界中を巻き込みアフガニスタン紛争やイラク戦争をもたらした。

こうした集団間コンフリクトについて留学生の例を考えると、留学先国（日本）と出身国（母国）との外交関係や歴史的関係に影響さ

れている。上述したように、アジア系留学生が来日後、日本人学生との間に歴史認識の違いを感じる背景には、留学生の出身国との歴史的経緯のため、対日態度がすでに形成されている場合もある。たとえば、韓国の日本に対する否定的イメージは小学生からすでに2割を占め、中学生からは3.5割と最も強まり、高校生、大学生では固定化されていく傾向が見られた（加賀美・守谷・岩井・朴・沈 , 2008）。したがって、来日後に留学生が日本社会で体験する事柄が差別につながるものであると、来日前に自国で形成された否定的日本イメージが強化されたり、偏見がさらに固定化したりしていく可能性がある。

## 6．偏見はどのように形成されるか

偏見はどのように形成されるものであろうか。最もよくそのメカニズムを表しているのが、NHKが放映した「青い目、茶色い目」である。この番組では、1968年、アメリカアイオワ州ライスビルの小学校でジェーン・エリオット先生が子どもたちの人種差別に対する態度を変容させることを目的に、模擬的な差別体験をさせる実験授業を行っている。クラスを青い目と茶色い目の子どもに分け、「青い目の子はみんな良い子です。だから5分余計に遊んでもよい」、一方、「茶色い目の子は水飲み場を使わないこと。茶色い目の子はダメな子です」というように、青い目の人は優れ、茶色い目の人は劣っていると決めて1日を過ごすというものである。次の日には茶色い目の人は優れ、青い目の人は劣っているとして生活させる。これを見ると、教室の子どもたちが青い目の集団、茶色い目の集団に分けられカテゴリー化された状態から、ステレオタイプ、偏見、差別へと向かうメカニズムがよくわかる。教室内にはあっという間に

マジョリティ側とマイノリティ側、いじめる側といじめられる側の二項対立の縮図ができる。休み時間に偏見や差別を受けた子どもたちがひどく傷つき悲しむ様子からは、偏見と差別がいかに当事者を苦悩させるかが読みとれる。また、優れたと言われた子どもは自尊心が高まり学業成績にも反映されている様子は、他の集団より自分たちが優れた所属集団の一員であるという自己肯定感を獲得した結果生じたものと考えられ、社会的アイデンティティ理論からも説明できる（4章参照）。さらに、偏見をもち差別する側と差別される側の役割を交代することで、互いにマイノリティの立場を経験することができ共感的理解に向けた体験学習が可能となっている。

　ここでは、カテゴリー化、ステレオタイプ、偏見、差別のメカニズムについて説明する。まず、カテゴリーとはどのようなものだろうか。国家、民族、階級、職業、性、宗教など、ある特徴をもつ分類を指す。カテゴリーは単独で存在せず、対照的カテゴリー（例：学生 VS それ以外の人）との区別がなければ意味をなさない。私たちの生活の中には多くの情報があふれているので、即座に情報を理解し行動を起こしたり、人を認識したりするためには、まとめたり分類したりしてショートカットすることが便利であるため、カテゴリー化という方法を用いて情報を単純化し整理している。そのことによって知覚されやすくなっている。

　ステレオタイプとは、限られた一面的な情報の中で、客観的な事実とは関係なく過度に一般化された、単純化された考えにより形成される認知である。たとえば、「日本人は勤勉だ」というように言われたときには、日本人には勤勉な人も怠け者の人もいるのにかかわらず、十把一絡げに自動的に他者判断をしてしまうのである。これはリップマン（1922）が命名したもので、煩雑で情報過多の現実社会の中で、相手がどのような人かを即座に判断したいために、カ

テゴリー化に伴う固定化されたイメージであるステレオタイプを使用する。

偏見は、過度のカテゴリー化やステレオタイプに基づいた態度で、実際の経験や根拠に基づかずに、ある人々やある国の人々に対してもつ否定的な感情や態度である。「○○人だからずるい」「○○人だからケチだよね」というと、否定的感情や評価を伴うため偏見になる。これはある程度継続し差別（行動）に向かう準備段階だと言われている。

差別とは、正当な根拠がなくある人々や集団に対して不平等あるいは不利益な扱いをする行動で、否定的なステレオタイプや偏見から生まれることが多い。たとえば、当該集団に対し悪口を言ったりすることが相当する。

ステレオタイプ、偏見、差別の関連性については、たとえば「女性は○○だ」という単純で偏ったカテゴリー化からステレオタイプとなる。それが無意識のうちに「女性は○○だから信用できない」という評価や感情を伴う態度になる。つまり「偏見」に変わりやすい。偏見はある程度継続していくため、こうした「偏見」をもっている人が雇用する立場になった場合に、「女性は○○だから△△会社に雇用しない」という行動を起こすと、それは「差別」になってしまう。このように、カテゴリー化、ステレオタイプ、偏見、差別は関連しており、カテゴリー化から差別に至る構図がつくられてしまう恐れがある。

## 7．偏見が生じる原因

社会心理学では、偏見が生じる原因を個人差に注目した研究、認知傾向に注目した研究、集団間関係に注目した研究の3つから検討

している（上瀬, 2002）。ここではそれを簡単に説明する。

　まず、個人差に注目した研究については、ドイツの社会学者アドルノ（Adorno, T., 1950）たちによるもので、彼は人種差別などの偏見が個人の「権威主義的パーソナリティ」に起因すると考えている。子どもの本能的欲求は、両親の過度に厳しいしつけなどによって抑圧され攻撃性に置き換えられる。そのため、その標的は自分より弱く劣っていると見られる逸脱集団や少数民族に向けられる。両親を象徴する権威者には過剰な敬意と従順さをもち、内集団ではない人々（外集団）には極端な敵意を示し、どんな問題の原因も外集団に帰属させ自分たちは悪いところはないとする。このように、偏見は個人の心理的機能の異常とみなされている。1950年代にはこの理論は支持されていたが、この理論の問題は、偏見を個人のパーソナリティの問題に起因させるため、個人の心理療法をしない限り偏見の低減を望めないことになる点で限界がある。

　認知傾向に注目した研究には、上述したカテゴリー化が挙げられる。私たちの現実社会は情報過多で混沌としているため、カテゴリー化によって主観的に単純化され整理されやすくなっている。人々は、人間をカテゴリー化する際、人種カテゴリー、性別カテゴリー、年齢カテゴリーを基準に用いやすい（Horowitz & Horowitz, 1938）。また、カテゴリーの中でも内集団、外集団（Sumner, 1906）に分けて認知している。内集団とは、自分が所属している集団であり、外集団とは自分が所属していない集団である。内集団に対しては一般的に内集団ひいきが生じ協力、平和、友好関係になりやすいが、外集団に対しては、両者がそれを修正しない限り敵対関係になりがちである。このようにカテゴリー化によって生じる偏見は無意識的また自動的に生じる。

　最後に集団間関係に注目した研究としては、社会的アイデンティ

ティ理論（Tajfel & Turner, 1986）がある。この理論では、自分のアイデンティティがどのような所属集団のメンバーかという点を重視している（例：私はハーバード大学の学生だ）。その自分のアイデンティティを肯定的に保つために、所属する集団（内集団）を外集団よりも優れていると見なそうとする。そのために内集団について肯定的なステレオタイプを形成し、外集団に対して否定的なステレオタイプや偏見を促進させ差別的行動をとる。

以上のように、これらの研究は異なる方向で偏見の形成と原因について論じているが、これらは複合的に関係しているといえる。特に、カテゴリー化による偏見は無意識的、また自動的に生じてしまうため、偏見の形成を防ぐことは非常に難しいことがわかる。

## 8．偏見はどうすれば低減されるか：接触仮説から

グローバル化の進行とともに日本人と外国人との異文化接触も不可避となる。異文化接触は、人々に時としてコンフリクトをもたらすだけでなく、その結果、偏見と排除、差別をもたらすことも考えられる。オルポート（1954）は、相手に対する知識の欠如が偏見形成に関わっているために、異なる集団間のメンバーが接触することで両者の理解や改善が促されるとし接触に注目した。接触については単純に接触頻度が高ければよいというものではなく、また、偶然の接触では肯定的態度は形成されないとし、ホスト社会における人々の偏見などの態度変容を促すために、どのような相互作用が必要かという視点から接触仮説を提唱した。

オルポートによって書かれた"The Nature of Prejudice"（邦訳：偏見の心理）は、アメリカの公教育分野における白人と黒人の人種隔離の是非が問われたブラウン対教育委員会裁判において、社会科

学の中心的論述となった。この裁判の判決は学校における人種隔離撤廃を求めた最初の司法上の判決であり、この判決をきっかけとして人種隔離と差別撤廃を求める公民権法が制定された（Slavin, 1985）。このように、アメリカでは多文化多民族社会における人種隔離政策を撤廃するうえで、接触仮説（contact theory）が理論的根拠となった。

接触仮説（Allport, 1954; Amir, 1969; Cook, 1985; Pettigrew, 1998）によれば、ある条件が成立しなければ異文化接触の帰結は必ずしも好意的になるとはいえないというものである。その条件とは、1）対等な地位での接触、2）共通目標を目指す協働、3）制度的支援、4）表面的接触より親密な接触であり、この4条件が満たされなければ、異文化における集団間接触では効果的な作用は果たせないというものである。これらは接触仮説の中核であり、現在でも基本的には変化していない。アミール（Amir, 1969）は、この4条件に集団間接触が好意的態度につながるための2条件を追加している。それは、マジョリティ・メンバーがマイノリティの中でより高地位にあるメンバーと接触するときと集団間接触が愉快で報酬的であるときである。クック（Cook, 1985）は、さらに集団間接触が好意的態度につながるための条件として、接触の過程で顕在化される非好意的な集団の属性がその集団に関するステレオタイプ化された信念を打ち砕くときの1条件を追加している。このように接触仮説は、集団間接触研究において中心的役割を果たしてきたが、接触の効果に関しては論争が続いている（Stephan & Brigham, 1985）。

日本における接触仮説を理論的枠組みにした留学生研究では、高井（1994）は日本人学生との親密な接触が多いほど日本人からの差別的な態度を感じにくいことを示した。また、加賀美（2006）は留学生と日本人学生の交流合宿における教育的介入を行った結果、双

方とも協働的活動が積極的傾聴、言語学習の重視の態度、創造性、協働性、共感性の高揚に効果があった。日本人大学生を対象にした調査では、外国人の接触の度合いと外国人への親近感及び潜在的態度との間に相関がみられたが、接触の度合と偏見及び外国人イメージの肯定性との間には関連がみられなかった（小池・酒井, 2010）。このように、接触の研究結果は肯定的な結果と否定的な結果の両方が示されている。

以上のように、接触仮説は多文化化しつつある日本における外国籍住民や留学生と日本人との異文化接触を考えるうえで重要な知見を提供してくれる。しかし、直接接触がなくとも、自分の所属する集団のメンバーが、他の集団のメンバーと良好な関係を結んでいるという知識があるだけでも、他の集団のメンバーに対する偏見が解消する傾向が指摘されている。こうした「拡張的接触仮説」（Extended Contact Effect）（Wright et al, 1997）に代表されるように、近年、接触仮説から多様な研究や教育実践（アロンソンのジグソーテクニックなど）が展開されており、詳しくは後続の4章を参照していただきたい。

## 9．どのように偏見を低減・解消していくか：
シェリフのサマーキャンプ実験から

偏見を低減・解消するための試みとして古典的な研究としてアメリカの社会心理学者シェリフたちの（Sherif, M. et al., 1961）の研究がある。彼らは少年たちに3週間のサマーキャンプを数回にわたり実施し、集団間のコンフリクトとその解消方法について検討した。対象者はオクラホマシティに住む中流階層の面識のない白人の小学校5年生男子22名であった。集団形成の段階では、少年たちは無作

為に2つのグループに分けられ生活を始めた。集団間葛藤の段階では、競争状況でスポーツの試合をし、勝ったチームには賞品を与えた結果、集団間で対立や敵対心が生じ、集団間のコンフリクトを解消することは難しいことを示した。葛藤解消段階では、2つの集団が協力することによってのみ達成できる「上位目標」を設定した。そのことによって両集団間の敵対的な関係を解消することができた。このフィールド実験では接触の難しさを示している。単純で偶発的な接触からはむしろ偏見を増長し強固にすることもある。より上位の共通目標の設定や接触仮説の提唱している条件を作るような協働学習の場の重要性を物語っている。

　アミール（Amir, 1969）は、偏見を低減させるか、あるいは、増大させるかという接触の効果は、どんな人と関わっているか、また、どんな関わり方をしているかによって異なると述べる。また、多くの研究は接触が肯定的効果をもたらすという結果となったが、無差別的な一般化や利用可能な証拠から誤った結果を引き出すべきではないことを警告している。クック（Cook, 1985）は、集団間接触は偏見を低減させるかという単純な問いかけではなく、如何なる接触状況において、非好意的集団の如何なる代表者と、如何なる相互作用をもつことで態度変容は生じるのか、また、さまざまな特徴をもつ調査対象によっても異なるのかという問題を取り扱うべきであると述べている。このように、偏見低減については接触の方法、あり方など単一な方法だけで解決することはできない。地域社会や大学キャンパスの中でより肯定的な態度形成を目指し、さまざまな形での交流プログラム（加賀美, 2006a, 2006b など）や取り組みが必要であろう。

## 10. グローバル社会の多様性：
## 　　対岸の火事にしないために

　本章では、昨今の日本における文化的多様性を示す現状や関連する理論を主に述べてきたが、私たちの社会には、そのほかにも年齢、ジェンダー、性的指向、言語、宗教、障がいなど多様な差異が存在する。ここでは、広い意味での差異やグローバル社会の多様性の受容について考えてみたい。

　授業中に上述した「青い目、茶色い目」のビデオを教材として視聴した後、感想を述べさせると、「日本には偏見や差別はない」、「自分の身の回りにはない」と思っている人が意外と多い。自分の身の回りには偏見や差別はないと思っている人たちは、社会に存在する偏見や差別に対してあまり関心をもっていないこともあるし、また、現状を知らないこともある。そこには、偏見や差別が自分とはかけ離れ全く関係ないものと思いこんでいる。

　偏見や差別される人の痛みを「足を踏む人」、「踏まれる人」という例で表現されることがある。足を踏んでいる人は、踏まれている人の足を踏んでいることに気づいていないことがある。また、踏んでいることに気づいていても知らんふりしている人もいる。しかし、踏まれている人は痛みを伴う。こうした足を踏んでいる人、踏まれている人以外の人は、「足を踏まれている人＝差別されている人」の痛みや不当な扱いを見て同情するかもしれない。また、「足を踏んでいる人＝差別している人」に対して、こうした行動を絶対すべきではないと思うかもしれない。さらに、「自分でなくてよかった」と思う人もいるかもしれない。このように思う背景には「差別する人」と「差別される人」以外に「私の存在」は除かれている。自分とは関係なく向こう岸から火事を見ているような状況で傍観視

している状況がある。

　こうした対岸の火事の状況は、「差別する人、差別される人」の二分法から成り立っており、対岸の火事を見守るものが差別をしないという保証はない（好井, 2009）。また、差別されている人が差別しないということもありえない。さらに、自分が無意識に行っている言動が相手に差別されていると感じさせることもあるかもしない。上述したとおり偏見形成のメカニズムを考えると、偏見をなくすことは難しいため、すべての人が偏見に伴う差別を絶対しないこともありえないだろう。つまり、私たちはすべての人が偏見をもち、差別をする可能性をもつことをまずは自覚することが重要ではないかと思う。

　日常生活における偏見や差別に関する問題は、人間関係にとって繊細で微妙な話題であるため、多くの場合、私たちはこのことには触れずに回避している。また、回避しようとしているのかもしれない。しかし、すべての人が差別する可能性があるならば、この状況について考え向き合わざるをえないだろう。そのためにはまず、日常生活の中に「自分自身」を入れ込んで、自分のこととして考えてみることからまず始まるのではないかと思う。偏見低減にはシャープな人権意識を作ることが重要だ（中川, 1989）と言われているが、シャープな人権感覚は「私」をその場に入れ込むことである。

　グローバル社会の偏見について考えると、私たちは取り巻く状況や文脈、社会、文化、時間が変化することが前提となる。そうするとマジョリティ側にいた自分がマイノリティ側の自分になる可能性をいつも等しくもっていることがわかる。たとえば、今の自分が差別や偏見にさらされていなくても、留学や転勤のため外国生活を送ることになれば、これまでマジョリティ側にいた自分がマイノリティ側に移行する。また、私たちはいずれ誰でも高齢者となる日が

来る。病気になり足腰が弱くなり一人では階段を上れなくなるかもしれない。目も見えなくなるかもしれない。ある集団の中で差別する側にいた人は、別の集団では差別される側にもなる。このように、文化移行などの空間軸と加齢による変化などの時間軸を考えると、マイノリティとマジョリティは固定化されていない。私たちはいつでもマイノリティになりうる変化しうる動的な（ダイナミックな）存在である。つまり、グローバル社会における多様性とは、いつでも変化しうる動的な（ダイナミックな）多様性であると定式化できる。このように考えると、偏見や差別を行うことはまったく意味を持たないことといえる。マイノリティの立場を想像し共感することができる感性と、偏見や差別を受けている人の問題を「私自身」の問題として痛みを共有できる感性こそが重要であろう。

# おわりに

以上のとおり、日本社会のグローバル化とともに、地域社会、大学キャンパス、学校コミュニティにおいて、どのような偏見が生じているか、その現状と関連する理論などを述べてきた。グローバル化、少子化、高齢化が必然の流れである昨今、日本の未来を構成し支える人々は、現在のままではないことは容易に想像できる。「未来」の日本は、いかに多様性を受容できるかによって大きく描きかえられてしまうのである。

【注】
(1) 他の国と比べ、韓国・朝鮮だけが1998年から減少している。特別永住者とは、サンフランシスコ講和条約の規定に基づき、戦前の日本統治で日本

に居住した韓国・朝鮮、台湾人で日本国籍を離脱し、在日韓国・朝鮮人、在日台湾人となった人々とその子孫のことである。オールドカマーと呼ばれている。
(2) 東京は最も多くの外国籍の人々が居住している。新宿区では23区の中で最も外国人登録者数が多く、2011年の統計では35,805人である。韓国・朝鮮や中国籍の人々が多く、大久保、新大久保近郊ではコリアンタウンと言われている外国人コミュニティが形成されている。
(3) 「日本語指導が必要な外国人児童生徒」とは「日本語で日常会話が十分にできない児童生徒」及び「日常会話ができても、学年相当の学習言語が不足し、学習活動への参加に支障が生じており、日本語指導が必要な児童生徒」を指す。

【参考文献】

Adorno, T. W., Frankel-Brunswik, E., Levinson, D. J., & Sunford, R. N. (1950) *The Authoritarian Personality*, New York, NY: Harper & Brothers（田中義久・矢沢修次郎・小林修一（訳）1980『権威主義的パーソナリティ』青木書店）

Allport, G. W. (1954) *The Nature of Prejudice. Reading*, MA: Addison-Wesley（原谷達夫・野村昭（訳）1961『偏見の心理』培風館）

Amir, Y. (1969) "Contact hypothesis in ethnic relation." *Psychological Bulletin*, vol. 71, 319-342

Cook, S. W. (1985) "Experimenting on Social Issues: The Case of school desegregation." *American Psychologist*, vol. 40, 452-460

Horowitz, L., & Horowitz, R. E. (1938) "Development of social attitudes in children." *Sociometry*, 301-339

法務省入国管理局（2010）「登録外国人統計表」2010年

石原翠（2011）「留学生の友人関係における期待と否定的認識との関連――中国人留学生の場合――」『異文化間教育』第34号、136-150

イシカワ　エウニセ　アケミ（2005）「4章　家族は子どもの教育にどうかかわるか：出稼ぎ型ライフスタイルと親の悩み」宮島喬・太田晴雄編『外国人の子どもと日本の教育――不就学問題と多文化共生の問題』東京大学出版会、77-96

岩男寿美子・萩原滋（1988）『日本で学ぶ留学生：社会心理学的分析』勁草書房
加賀美常美代（1994）「異文化接触における不満の決定因——中国人の就学生の場合」『異文化間教育』第8号、117-126
加賀美常美代（2006a）「大学における異文化間コミュニケーション教育と多文化間交流」高麗大学校日本学センター『日本研究』第6号、107-135
加賀美常美代（2006b）「教育的介入は多文化理解態度にどんな効果があるか：シミュレーション・ゲームと協働的活動の場合」異文化間教育学会『異文化間教育』第24号、76-91
加賀美常美代（2006c）「文化移行を伴う生徒の予防的協働的援助：こころと学校コミュニティ」多文化間精神医学会『こころと文化』第5-1号、35-41
加賀美常美代（2007）『多文化社会の葛藤解決と教育価値観』ナカニシヤ出版
加賀美常美代（2011）「第9章　留学生交流は何をもたらすのか」小林誠・熊谷圭知・三浦徹編『グローバル文化学：文化を超えた協働』法律文化社、161-178
加賀美常美代・守谷智美・岩井朝乃・朴志仙・沈貞美（2008）「韓国における小・中・高・大学生の日本イメージの形成過程：9分割統合絵画法による分析から」『異文化間教育』第28号、60-73
上瀬由美子（2002）『ステレオタイプの社会心理学——偏見の解消に向けて——』サイエンス社
葛文綺（2007）『中国人留学生・研修生の異文化適応』渓水社
小池浩子・酒井英樹（2010）「接触の度合いと外国人に対する態度」信州大学教育学部研究論集　第2号、87-98
黄美蘭（2010）「日本語学校に通う中国人学生の被差別感と原因帰属との関連——アルバイト先の事例を中心に——」『お茶の水女子大学人間文化創成科学論叢』第13巻、59-67
Landis, D., & Boucher, J. (1987). "Themes and Models of Conflict." In J. Boucher, D. Landis, & K. Clark (Eds.) *Ethnic Conflict*, Newbury Park, CA: Sage
Lippmann, W. (1922) *Public Opinion*, New York: Harcourt Brace（掛川トミ子訳（1987）『世論』岩波文庫、東京）
永井智香子（1997）「日本人による異文化に関連した差別と偏見——学齢期に中国から来た若者たちにインタビューをして——」『長崎大学留学生セン

ター紀要』第5号、53-75

松尾慎（2006）「ホスト住民が持つ外国籍住民との相利共生意識」植田晃次・山下仁編『「共生」の内実――批判的社会言語学からの問いかけ』三元社、84-105

光長功人・田渕五十生（2002）「ブラジル人の子どもたちは、どのようにアイデンティティを変容させるのか？――帰国後の再適応を観察して」奈良教育大学編『奈良教育大学紀要　人文・社会科学』第51号（1）奈良教育大学、1-17

宮島喬・太田晴雄（2005）『外国人の子どもと日本の教育――不就学問題と多文化共生の問題』東京大学出版会

文部科学省（2009）「日本語指導が必要な外国人児童生徒の受入れ状況等に関する調査（平成20年度）」の結果について

文部科学省（2010）「我が国の留学生制度の概要：受入れ及び派遣　平成22年度」

中川喜代子（1989）『人権学習を創る：偏見と差別の社会心理学』明石書店

Ohbuchi, K., & Takahashi, Y. (1994) "Cultural Styles of Conflict." *Journal of Applied Social Psychology*, 24, 1345-1366

岡村佳代（2011）「ニューカマー生徒が経験する学校生活における困難とその対処行動――中学生と高校生の比較を中心に」異文化間教育学会編『異文化間教育』第34号、90-105

大槻茂美（2006）「外国人接触と外国人意識―― JGSS-2003データによる接触仮説の再検討」『日本版General Social Surveys研究論文集』第5号、149-158

Pettigrew, T. F. (1998) "Intergroup contact theory." *Annual Review of Psychology*, 49, 65-85

永吉希久子（2008）「排外意識に対する接触と脅威認知の効果―― JGSS-2003の分析から――」『日本版General Social Surveys研究論文集』第7号、259-270

佐倉市（2010）『佐倉市人権尊重のまちづくり市民意識調査報告書（概要版）2009年度～2010年度』

志水宏吉・清水睦美（2001）『ニューカマーと教育――学校文化とエスニシティの葛藤をめぐって』明石書店

Shelif, M., Harvey, O. J., White, B. J., Hood, W., & Shelif, C. (1961) *Intergroup Conflict and Cooperation: The Robbers Cave Experiment*, Norman, OK: University of Oklahoma

Slavin, R. E. (1985) "Cooperative Learning: Applying Contact Theory in Desegregated Schools." *Journal of Social Issues*, 41, 45-62

Stephan, W. G., & Brigham. J. C. (1985) "Intergroup Contact: Introduction." *Journal of Social Issues*, 41, 1-8

栖原暁(1996)『アジア人留学生の壁』NHKブックス

徐光興(1996)「帰国留学生の対日イメージと態度に関する研究」『名古屋大学教育学部紀要』第43号、87-95

Tajfel, H., & Turner, J. C. (1986) "The social identity theory of intergroup behavior." In S. Worchel & W. Austin (Eds.) *The social psychology of intergroup behavior*, 7-24

高井次郎(1994)「日本人との交流と在日留学生の異文化適応」『異文化間教育』第8号、106-116

Thomas, K. W. (1976) "Conflict and Conflict Management." In M. D. Dunnette (Ed.) *The Handbook of Industrial and Organizational Psychology*, Chicago, IL: Rand McNally

恒吉僚子(1996)「多文化共存時代の日本の学校」堀尾輝久・久冨善之(編)『講座学校——学校文化という磁場』柏書房

好井裕明(2009)『排除と差別の社会学』有斐閣選書

李洋陽(2003)「中国学校教育における日本人イメージ」『東京大学社会情報研究所紀要』第66号、97-127

ウィリアム・ピータース(白石文人訳)(1988)『青い目茶色い目——人種差別と闘った教育の記録』NHKワールドTVスペシャル

Wright, S. C., Aron, A., McLaughlin-Volpe, T., & Ropp, S. A. (1997) "The extended contact effect: Knowledge of cross-group friendships and prejudice." *Journal of Personality and Social Psychology*, 73 (1), 73-90

# 2 幼児の前偏見の生成と低減の可能性

佐藤千瀬

## はじめに

　幼児は、いつから、どのように人々の間にある差異に気づくようになるのだろうか。そして、いつ頃から差異に対して前偏見（幼児独自の偏見）をつくり上げていくのだろうか。本章では、特に日本の幼稚園における外国人幼児（片方または両親が外国籍の子ども）と日本人幼児の事例を通して、差異の気づきと前偏見の生成について考えていきたい。そのうえで、事例から浮かび上がる前偏見の低減の可能性を探る。

## 1. 前偏見とは

　これまで日本では、幼児の差異の気づきや前偏見に関してあまり研究がなされてこなかった。その理由としては、「心が真っ白な幼児期」という言葉に代表されるように、幼児には差異の気づきや偏見はない、という考えが一般的だったためであろう。しかし、日本の幼稚園における参与観察より、すでに3歳児で外見や言葉等の差異に気づき、差異を理由とした集団による排他的言動が見られることが明らかになっている（佐藤, 2004）。
　一方、アメリカでは、幼児の「人種」の差異に関する研究がなされてきた。それらの研究によると、1歳半～2歳半の子ども

(toddler) が差異を単に「差異」と捉え、何か探るのに面白いものとして気づき観察していること、その際、大人の感情的な反応にも注目していることが述べられている (Chang 他, 1996)。この時期に、大人が幼児の興味のきっかけを無視することにより、大人は不安であることを伝え、幼児は何か潜在的に話してはいけないことだと気づく。そして、大人が話さないことや名づけないことは、危険なことと捉えるようになる。さらに、2、3歳でどの差異が世の中で問題になるのかを見分け始め、3、4、5歳児は個人の身体上の多くの差異によく気づいていることが指摘されている。この時期の幼児の観察に対する大人の反応が、身体的な差異に対する社会的判断のきっかけとなる。つまり、大人が答えなかったり、神経質になったり、過度に丁寧になることは、不快や怒り、恐れを示していることになる。

また、2歳半位から、身体的な差異に不快感を見せるような「前偏見 (pre-prejudice)」が見られることが指摘されている。「前偏見」とは、本当の偏見につながるかもしれない、ごく幼い子どもの初期の考えや感情であり、幼児の限られた経験や発達段階に基づく誤解、あるいは大人の模倣からなると考えられる。より深刻な表現形式は、不快や恐れ、相違点の拒否を示す行動である (Derman-Sparks 他, 1989)。

また、幼児と大人では、肌の色の認識の仕方、「人種」に関する言葉(「Black」等)の意味の理解と使用法に違いがあり、幼児の言葉を大人の用いる意味で捉えないように留意しなければならないことが主張されている (Wright, 1998)。

さらに、子どもは偏見がそのまま注ぎ込まれる空の容器ではなく、積極的に社会を理解しようとしている存在と捉える、ダイナミックな発達が強調されている (Brown, 1995)。

これらは、アメリカという環境での研究のため、その結果をそのまま日本の幼児の差異の気づきや前偏見の生成にあてはめ、比較することはできないが、幼児の差異の気づきや前偏見を捉えるうえで、非常に示唆的である。つまり、これらの研究より、コンテクストも含めて捉える、参与観察の必要性が浮かび上がる。また、幼児が前偏見を生成していくプロセスを、「年齢」の視点だけでなく、（日本人幼児と外国人幼児の）「関係性」の視点や保育者との相互作用を通して捉える必要性が浮かび上がる。

以上により、本章では、前偏見の生成と低減を次のような枠組みで捉えたい。「年齢」、「関係性」、（2人組やグループ等、保育者がどのように集団をまとめていくのかといった）「集団形成」、保育者の援助を背後から規定する（幼稚園の方針や保育内容といった）「環境」という4つの視点が重なったところに、今回の対象幼稚園を通して見られた外国人幼児に対する前偏見の生成と低減、外国人幼児の位置づけを捉える枠組みがある（図2-1を参照）。なお、「位置づけ」とは、幼児が外国人幼児をどのような存在として捉えていくのかを指す。つまり、前偏見の生成は、個々の差異のみが原因となって生成されるのではなく、「外国人幼児の位置づけ」と相互に関連していると考える。なお、今回は幼稚園という場で生成される前偏見に限定しており、地域性やメディアの影響等には触れない。

それでは、実際に日本の幼稚園で、日本人幼児はどのように外国人幼児の差異に気づき、前偏見を生成していくのか、事例を通して見ていく。

## 2．前偏見の生成と形成

ここでは、日本のA幼稚園の5歳児クラスの例を紹介したい。

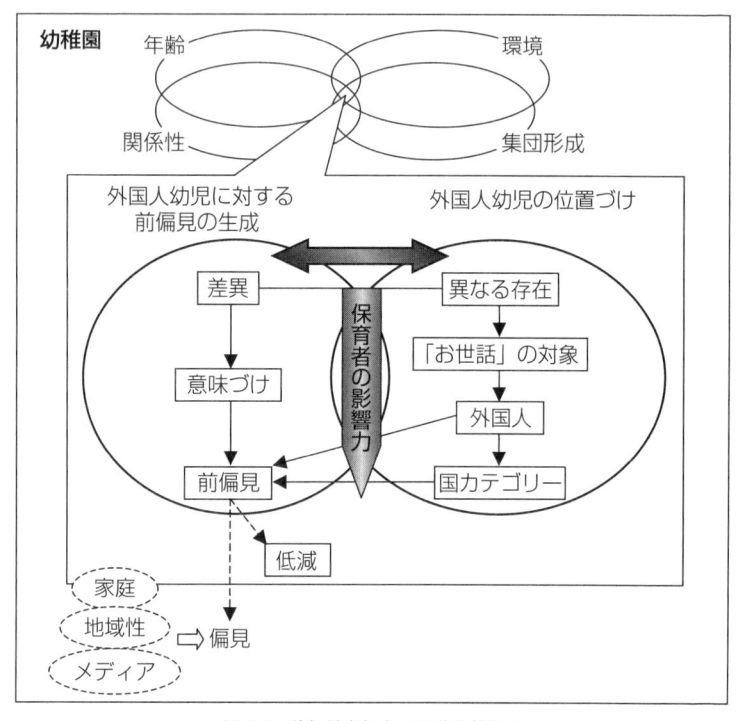

図2-1 前偏見を捉える理論的枠組み

　筆者は、公立A幼稚園の5歳児クラスにおいて、2001年5月から10月に週1〜2回（計31回）、幼児の登園前から登園後（8時〜3時半頃）までの時間に参与観察を行った。具体的には、筆者は行事の手伝い等、必要に応じて保育者の手伝いをしたり、幼児と遊びながら観察をした。参与観察を行った理由は、幼児の差異の気づきと前偏見の生成を、幼児の視点から直接に捉えるためには、幼児と積極的に関わり、信頼関係を築いたうえで、その場その場で幼児の話を聴く必要があったからである。

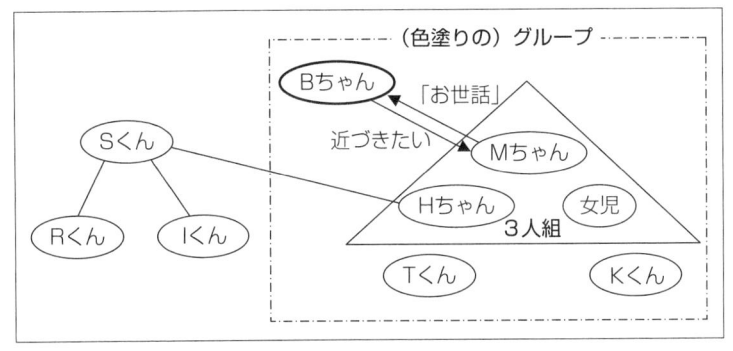

```
┌─────────────────────────────────────────────┐
│              ┌ ─ ─ ─ ─(色塗りの)グループ ─ ┐
│      (Bちゃん)←──「お世話」              │
│  (Sくん)    近づきたい (Mちゃん)          │
│              (Hちゃん)   (女児)           │
│  (Rくん)(Iくん)     3人組                 │
│              (Tくん)    (Kくん)           │
│              └ ─ ─ ─ ─ ─ ─ ─ ─ ─ ─ ─ ─ ─ ┘
└─────────────────────────────────────────────┘
```

図2-2 幼児同士の関係図

　A幼稚園は自由保育を行っており、4歳児クラスと5歳児クラスの2クラスであった。周辺には大使館等があり、外国人も多い地域であった。この5歳児クラスには、アフリカ系とアジア系のダブルの女児Bがおり、肌の色が褐色で、髪の毛は大きめのカールをしていた。Bは、4歳児クラスの2学期末にA幼稚園に途中入園し、筆者が幼稚園で観察を始めた時点で、来日して6ヶ月が経っていた。Bの日本語力は、文章単位で話せたが、細かな指示理解等はまだ難しい様子であった。また、A幼稚園の5歳児クラスの担任と教頭に、毎回の観察中や観察の前後に保育の方針や幼児について話を聴いた(非構造的面接)。なお、A幼稚園の5歳児クラスの幼児同士の関係性は、図2-2のとおりであった。

　このA幼稚園での観察を通して、幼児の前偏見の生成と形成には、「個人」と「集団」で行う2つのパターンが見られた。以下に、その2つのパターンを紹介する。

## 2.1 個人で差異に固執し、前偏見を生成するパターン

〈事例1〉個人による前偏見生成の事例

　A幼稚園では移動の時に、「男女」や「5歳児と4歳児」等、保育者の指示したカテゴリー内で自由に2人組をつくり、手をつなぐ習慣があった。5月にBちゃんが、「Sちゃん、手つなご」とSくんに言ったが、Sくんはがんとしてらちゃんと手をつながなかった。担任が理由を聴くと、「色が黒いから」とSくんは答えていた。

　7月に2人組をつくる場面で、Sくんは、Bちゃんの側にいた男の子に「Bちゃんって臭いんだよ」と話していた。それを聴き、その男の子は、「臭いのー？」と疑問に思っていたが、Bちゃんが「臭いんじゃないよ」と否定し、その男の子と手をつないでいた。

　さらに、9月に、Sくんが他の男の子たちと積み木で遊んでいる時に、Bちゃんが「入れて」と言うと、「だめよ」「だめなんだよ。だってお前は臭いから。だってこれ（カード）もってない」「Bちゃん、壊すからダメ。だってさ、Bちゃんジャンケン負けるから、つまんない」と多くの理由を挙げてBちゃんを拒否していた。それを聴いた近くにいた女の子が、「Sくん、何で友達のこと『臭い』って言うの？　全然臭くないよ」と反論したが、Sくんは「臭いよ」と固執していた。女の子が「どこが臭いの。Bがかわいそうだよ」と言うと、Sくんは、「だってお風呂入ってる？」とBちゃんに聴き、「お風呂入ってないって思った。臭かったんだもん」「ずーっと。そしてさ、何かで遊んでさ、できないかもしれなくて、そしてやってるん

だよ」と話していた。その様子を見た、Sくんと一緒に遊んでいたRくんは、「前にもあったよね、(Bちゃんの) 手黒いからつなぎたくないとか」と、4ヶ月以上前の5月の出来事を思い出していた。

1週間後に5歳児と4歳児の2人組で手をつないで移動する場面で、SくんはわざわざBちゃんの側に来て、「あのさ、鼻とか口とか紫になってるよ。紫」と指摘したため、Bちゃんと手をつないでいた4歳児の女の子はBちゃんの顔を見上げていた。

10月になると、SくんはBちゃんのことを「黒くって、へそが出っ張ってるの」「嫌いなの」と話していた。筆者が「Bちゃんってどこの人だっけ?」とSくんに聴くと、「外国」と答え、「Sくん、外国の人好き?」と聴くと、「違う」と答えていた。「嫌いなの?」と聴き返すと、Sくんは「うん」と答え、理由を聴くと、「何かが……」と答えていた。

個人で前偏見を生成する〈事例1〉を整理すると、前偏見の生成には5つの特徴が見られる。

① 2人組で手をつなぐ場面で、かつ、外国人幼児Bが近くにいる時に起きること。

それでは、幼児の気持ちになって考えてみよう。なぜ、2人組をつくる場面で、しかもBが側にいる場面で前偏見を生成するのだろうか。〈事例1〉のSは、5月に手をつなぐ場面でBを拒否した時に、教頭に叱られたり、担任にクラスで取り上げられた経験があった。つまり、2人組をつくる場面は、その叱られた経験を思い

返す場面でもあった。また、「2人組」とは、「男女別」「5歳児と4歳児」という制約がある中での「好きな子同士」(自由)である。そして、2人組をつくる場面で、「手をつなぐ」「Bの側にいる」という行為は、Bを受け入れている、または、少なくともBを拒否していないことが、実際に目で見て確認できる。また、SがBの近くであえて差異を指摘し、前偏見を生成する理由は、まだBを拒否していない子と一緒に、直接Bの差異を見て確認できるためだろう。

②保育者の目を気にせず、あえて外国人幼児Bに好意的な幼児の側に行き、直接働きかけたり、差異を指摘すること。
③直接体験に基づく独自の解釈をしていること。

Sは、Bの肌の色が褐色であることと、「臭い」ことを、「お風呂に入っていないって思った」ことと関連づけて解釈していた。つまり、お風呂に入っていないから、肌の色が褐色で、「臭い」のではないかと独自の解釈をしていた。

④身体的特徴への前偏見の生成が、外国人一般を嫌う前偏見の芽につながっていること。

Sは、10月にはBの差異に固執するだけでなく、Bを「外国」の人と捉え、外国人一般を嫌いと捉えるようになっていた。つまり、B個人を超え、外国人への前偏見を生成していた。

⑤個人的に外国人幼児Bを拒否する言動が、他児の差異の気づきや再生産、前偏見の生成へのきっかけとなっていること。

Sの差異の気づきや前偏見の生成は、S個人で終わらずに、SやBの周囲の他児へと広まっていた。たとえば、〈事例1〉でSと一緒に遊んでいたRは、決まった食前の挨拶をBができない様子を見て、「〇〇人だもん」と捉えるように変化していた。

この5歳児クラスでは、S個人による前偏見の生成と同時に、集団で前偏見を生成する幼児たちがいた。次に、集団による前偏見の生成について見ていく。

## 2.2 集団で前偏見を生成するパターン

### 〈事例2〉女児集団による前偏見生成の事例

5歳児クラスには、女児のリーダー的存在でしっかり者のMちゃんがおり、Bちゃんの入園時から、Bちゃんの「お世話」をしていた。具体的には、Bちゃんが保育者の指示と異なる行動をしていると、「違うよ」と言って行動でお手本を示したり、「B、て（手）一挙げて」と教えたりしていた。また、Mちゃんは、Bちゃんの日本語力を考慮し、グループの役決め等では、「『どちらがいいですか』って（Bちゃんが）言うのは難しいか」と他児に伝えたりしていた。しかし、Mちゃんは、徐々に「お世話」に負担感をもつようになり、時々「ついてこないでよ」とBちゃんに言うようになっていた。一方、Bちゃんにとっては、Mちゃんは一緒に遊びたい相手でもあった。また、〈事例1〉のSくんが唯一女児の中で「友達」と捉えているHちゃんは、Mちゃんと仲良しだった。

5歳児クラスに上がる前の春休みに、MちゃんとHちゃんたち女児3人がHちゃんの家で遊んでいる時に、Bちゃんに

ついて「臭いから嫌だ」と話していた。この話を担任が家庭訪問で聴き、教頭は「直接Bに言っていないので、指導に困っている」と話していた。

　6月下旬になり、プール遊びが始まると、MちゃんたちはBちゃんのカールした髪の毛の差異に注目し、「パーマ？」「Bの髪は何で濡れないの？」と担任に聴き、疑問に思い始めていた。

　7月上旬に、保育室でグループごとに夏祭りの準備をしており、担任が保育室にいない時に、Kくん（欠席が多く友達関係も決まっていない子）がBちゃんの隣に座った。Mちゃんは、Kくんに顔を近づけ、「Bちゃんと仲良しなんでしょう？」と小声で聴くと、Kくんは「仲良しは○くん」と口をとがらせて言っていた。Mちゃんが、「B嫌いなの？」とKくんに確認すると、Kくんは無言でうなずいた。その様子を見て、Hちゃんが「うちも」と言うと、Tくんも「だってさ、Bちゃんさ、ボサボサだから」とBちゃんの前で言い始めた。Mちゃんも「だってさ、ボサボサだもん」と繰り返し、Hちゃんは「ボサボサだから大っ嫌いなんだよね」と強調し、仲間意識をつくり上げていた。しかし、この直後に担任が保育室に入って来ると、ピタッと言い合うのをやめた。Bちゃんはこの場にいたが、日本人幼児たちのやりとりをニコニコしながら見ていた。そして、Bちゃんは、「Tくんがね、Bちゃんの頭、ボサボサって言った」「ボサボサが面白い」と筆者に言いながらも、「ボサボサわかんない」と話していた。

　7月中旬に、担任が保育室にいない時に、KくんとBちゃんは仲良く遊んだ後に、一緒に並んで座っていた。すると、Tくんが「B、ボサボサだから」とKくんに思い出させるような言葉を話しかけていた。すると、Bちゃんは、「ボサボサ」の意

味がわからないまま、「そうだよ、Bちゃん、頭ボサボサだからね」と大声で言い、カールした前髪を触りながら立ちあがっていた。Tくんの言葉を聴き、Bちゃんの様子を見たKくんは、直後にプールの準備をしながら、Bちゃんに「Bちゃん、ボサボサですねー」と言うと、近くにいた男の子が「むかー、そんなこと言っちゃいけないんだよね」とKくんを非難していた。すると、Kくんは、「Bちゃん、自分でボサボサって言ってた」とつぶやきながらも、「ボサボサ」と言うのをやめていた。

　Bちゃんの髪の毛の差異についての幼児の発言が多く見られるようになったため、担任がBちゃんの髪を結ぶことによって髪の毛の差異を目立たせなくすると、次第に髪の毛に対する発言は見られなくなった。

集団で前偏見を生成する〈事例2〉を整理すると、前偏見の生成には4つの特徴が見られる。

①保育者が不在の場面（家庭）で、集団で外国人幼児Bを拒否すること。
②保育者が不在で、外国人幼児Bが近くにいる場面で拒否をすること。

①と②に共通することは、保育者がいない場面で差異を否定的に捉え、前偏見を生成している点である。ここから、幼児が差異について「何か保育者の前では言ってはいけないこと」と捉えていることが浮かび上がる。

③保育者の目を気にし、友達関係のできていない幼児へ集団で働

きかけること。

〈事例2〉で、KがBの隣に座るという行為は、他児から見ると、KがBを拒否していないことを示している。そのため、新たにKに働きかけると同時に、集団の仲間意識を確認する手段として、Bの差異を取り上げている。しかも、実際に目の前にいるBの差異を目で見て確認しながら、前偏見を生成していることが考えられる。

④保育者の援助や他児の批判により流動化すること。

ただし、この段階ではまだ、保育者が差異を見えなくしたり、他児が批判することによって、表面的には差異に対する発言が見られなくなる、流動化の状態であった。
次に、個人と集団に共通する特徴について考えていく。

## 2.3 2つのパターンに共通する特徴

個人と集団による前偏見の生成に共通する特徴として、2点挙げられる。

第1に、直接体験を通して前偏見を生成していることである。前偏見の生成は、個人と集団の両パターンとも、外国人幼児が近くにいる場面等で多く見られた。

第2に、外国人幼児の位置づけ(「一緒に遊びができない子」「お世話の対象」等)が、前偏見の生成に関わっていることである。つまり、Bをどのような存在として捉えているかが前偏見の生成と関わっていることが浮かび上がる。

これら両者に共通する特徴から、もう1度直接体験を通して、また、外国人幼児の位置づけを転換させること(「お世話の対象」等では

ない位置づけに変化させること）を通して、前偏見を低減させることができるのではないだろうか。

## 3．前偏見低減の可能性

### 3.1 3つの前偏見低減の可能性

A幼稚園での観察より、以下の3つの前偏見の低減の可能性が見られた。

第1に、直接体験（遊び）を通した前偏見低減の可能性が挙げられる。

---

### 〈事例3〉遊びを通した前偏見の低減

教頭の話によると、BちゃんがA幼稚園に途中入園する前に、「肌の色の違い等、（日本人幼児に）言ってきてある。この方針は、今の担任も引き継いでいる。子どもの中から肌の色、体臭等について発言があるので、『この辺、注意してね』」と教頭から担任に注意を促していた。しかし、〈事例1〉のBちゃんと手をつなぐことを拒否していたSくんについて、教頭は「生理的に受けつけない子」と語り、差異について話したり、叱ったりするだけでは変わらない子、と捉えていた。

このSくんが、唯一自らBちゃんと手をつないだ瞬間があった。積み木遊びで自分の完成品（犬）をBちゃんに見せたかった時に、「見て、犬だよ。犬。すごいでしょう」と近くにいたBちゃんの手を握って、Bちゃんの注意をSくんの完成品に向けていた。

---

つまり、差異よりもS自身の達成感や誰かに伝えたい喜びの方が大きく、一瞬Bの位置づけが「遊びを共有できる子」「一緒に遊んで楽しい子」に変わったことが考えられる。このように、差異を取り上げることと同時に、遊びを通して外国人幼児の位置づけを流動化させる必要が浮かび上がる。

第2は、外国人幼児の良い面や得意な面への気づきを通した前偏見低減の可能性である。

> 〈事例4〉 良い面への気づきを通した前偏見の低減
>
> 〈事例1〉のSくんの影響を受けたIくんは、6月下旬に2人組で移動する際に、Bちゃんとペアになっていた。しかし、Bちゃんと手をつなぐことを拒否していた。Bちゃんが、後ろを歩いていた別の男の子と手をつなぐと、Iくんは、「Bなんてかっこ悪いよね」とSくんに確認していた。
>
> しかし、10月下旬になると、Bちゃんを「外国人」と語り、外国人は「あんまり嫌いだけど、Bちゃんは優しい」「人に優しい」「意地悪している子がいたら、『それはだめなんだよ』って言う」と捉えるようになっていた。さらに、「Bちゃん、でも結構好き」と話していた。

〈事例4〉では、Iは、以前はBを強く拒否し、10月にはBを「外国人」と位置づけ、外国人一般はあまり好きではないと捉えている。しかし、目の前にいるBの良い面に気づくことを通して、Bを「一緒に手をつなぐのは、格好悪い相手」という位置づけから「好き」と捉えるように変化している。つまり、外国人幼児自身の良い面に気づくことを通して、外国人幼児自身の位置づけが変えら

れる可能性が浮かび上がる。しかも、大人から見るとそれほど大きなことではない、その子のもつ良い面、しかし幼児の目から見れば大切なことが、前偏見の低減につながっていくのではないだろうか。次の事例もそのことを示している。

> ### 〈事例5〉 得意な面への気づきを通した前偏見の低減
>
> 〈事例2〉で、Bちゃんについて「ボサボサだから大っ嫌いなんだよね」と言っていたHちゃんは、9月中旬にBちゃんが園庭のうんていを端から端までできる様子を見ていた。そして、「Bちゃん、すごい。すごい、ずっと落ちない」「Bちゃん、すごい」と感心していた。その直後にHちゃん自身もうんていを試したが、1つだけ進めた。

〈事例5〉では、HはBの得意な面を発見した後、自分自身も挑戦し、直接比較することを通して、「自分にはできないことを、Bはできる」と再確認している。このような外国人幼児の得意な面を知り、直接確認することを通して、外国人幼児の位置づけが流動化し、前偏見が低減される可能性が浮かび上がる。

第3は、外国人幼児の位置づけを流動化させることによる前偏見の低減の可能性である。

> ### 〈事例6〉 位置づけ(「色塗りが上手な女の子」)の流動化を通した前偏見の低減
>
> 〈事例2〉で、日本人幼児が集団でBちゃんの髪の毛の差異を「ボサボサ」と言い合った後のこと。色塗りをしているB

ちゃんの様子を見て、担任が「あ、Bちゃんの塗り方きれーい！」と、「ボサボサ」と言い合っていた日本人幼児たちの前で褒めていた。一方、「ボサボサ」と一緒に言い合っていたTくんやKくんが、ぐちゃぐちゃに塗ってしまったことに対して、女児のリーダー格のMちゃんは「女の子の方がやっぱり上手だよね」と捉えていた。

　また、BちゃんがMちゃんに近づくと、「Bはいいけどね。日本語あんまり覚えてないんだよね」と話していた。すると、隣にいた女の子が、「でも（色塗るの）上手なんだよね」と強調すると、Mちゃんも「うん」と答えていた。

〈事例6〉では、「日本語をあまり覚えていない子」と捉えられていたBが、「色塗りが上手な女の子」という枠組みではMたちの仲間になれることが読み取れる。さらに、Bの位置づけは、Bの得意な面を通して「憧れの対象」へと変化していった。

### 〈事例7〉「英語」を通した前偏見の低減

　9月下旬に、お絵描きの場面で、Bちゃんが多言語を書ける姿を担任が見て、「Bちゃん、1人で英語も日本語も漢字も書ける」と他児の前で取り上げていた。その担任の働きかけを通して、MちゃんはBちゃんの「英語」に関心をもつようになっていった。

　また、担任は、Bちゃんの新しい上履きに名前を書く際、アルファベットと片仮名のどちらが良いかBちゃんに確認すると、Bちゃんは、「英語、先生」と答えていた。すると、Mちゃんは、担任の側に寄り、担任の書く英語を見ていた。

10月初旬にBちゃんが絵を描き終わると、担任はBちゃんに名前を書くように伝え、「英語で書いていいよ」と声をかけていた。
　翌週に、Bちゃんがままごとコーナーのおもちゃの電話で小声でぶつぶつと言っていると、Mちゃんは、「B、英語、英語」と言った。そして、横を向いて目をキラキラさせて、「(Bちゃんは)英語わかるの」と近くにいた4歳児の女の子に教えていた。

〈事例7〉からは、Mが英語に憧れを示している姿を担任が捉え、Bが英語を積極的に使えるように援助していることがわかる。その結果、Mは、「お世話」の対象と捉えていたBを、「憧れの対象」として捉えるように変化していることがわかる。

　以上により、外国人幼児自身の位置づけを流動化させたり、転換させたりすることで、前偏見が低減される可能性が浮かび上がる。ただし、幼児の自然な成り行きに任せているだけでは、「英語が良い」「女の子は色塗りが上手、男の子は下手」というように、常に新たな前偏見を生成する危険性があるため、保育者の役割が重要となる。次に、これまでの事例を振り返りながら、保育者の援助の可能性について考える。

## 3.2　保育者の援助の可能性——前偏見の低減に向けて——
　事例より、前偏見の低減に向けた保育者の援助の観点が導きだせるのではないだろうか。つまり、保育者が差異について幼児に話すだけでない、以下の3つの保育者の援助の可能性が浮かび上がる。

①直接体験（遊び）の仕かけづくり。

　外国人幼児と日本人幼児がただ直接関わり合う機会をつくるだけでは、前偏見の生成につながる場合もある。そのため、保育者は、外国人幼児の良い面や得意な面を活かした、一緒に遊んで楽しい経験のできる、遊びの機会づくりができるのではないだろうか。

②遊びを通して多様なカテゴリー（位置づけ）を流動化させる仕かけづくり。

　一緒に遊んで楽しい経験と外国人幼児の得意なこと、多様なカテゴリーを取り入れた遊びを通して、カテゴリーを流動化させる方法が考えられる。
　①と②の具体例としては、事例のＢの場合、体を動かすことが得意であった。また、5歳児ではルール遊びができる発達段階を考え、「氷鬼」「またくぐり鬼」「けいどろ」といった、「敵／味方」「助ける／助けられる」関係性が遊びの中で何度も流動化するような仕かけが考えられる。このような遊びで、タッチをして助ける／助けられる等の楽しさの方が大きくなり、無意識のうちに触れ合ったり、手をつないだり、一緒に遊ぶことにも抵抗が少なくなっていくのではないだろうか。そのような遊びの積み重ねを通して、「一緒に遊んで楽しい子」という位置づけになれるよう、援助をしていくことが求められる。ただし、ルール遊びの理解は、日本語がまだあまりわからない外国人幼児にとっては、非常に難しいものである。そのため、保育者が一緒に行動しながら伝える等の援助も必要となってくる。

③集団のリーダー的存在の子への援助。

〈事例7〉に関して、担任は「女の子たちも『すごい』と言っていたのは、ローマ字、英語。『すごい』っていう時はBちゃんもすごさをもてる部分だし。日本の子どもたちが、日本じゃない文化にも触れるということで」「『いろんな国の人がいて当たり前』ということを理屈じゃないとこで伝わっていく、橋渡しができたらいいな」と話していた。この実践が、女児集団のリーダー的存在のMがBの英語に憧れを示していることに気づき、保育の中で積極的にBの英語使用を認めることにつながっていた。その結果、Mの中でBの位置づけが変化していった。

「ボサボサ」といった前偏見が、女児集団を通して生成され広がっていったように、外国人幼児の差異を拒否する中心人物（女児のリーダー的存在）に保育者が働きかけることにより、幼児同士の関係性の中で前偏見も低減していくのではないだろうか。なお、Bの母語は別の言語であったが、担任がBの母語を積極的に取り上げても、Bは積極的に母語を用いなかった。その1つの理由は、Bの母語は、B自身が近づきたいMの関心ではなかったためだろう。つまり、担任の母語を認める姿は必要条件ではあっても、それだけでは十分条件ではなく、幼児同士の関係性が重要なことがわかる。

ただし、このような援助は、「英語」に対する前偏見を助長する危険性があり、援助をする際には、危険性が常にあることを併せて指摘したい。

以上のように、幼児期には、直接差異を取り上げることだけでなく、その子自身の良い面や得意な面を活かした遊びを取り入れること、遊びを通して位置づけを流動化させていくこと、リーダー的存在の子を援助すること、これらの3つが相互に関わり合うことが、

前偏見の低減に必要なのではないだろうか。

## おわりに

なぜ幼児期に前偏見を低減させることが重要となるのだろうか。それは、「前偏見」であり、変えられる可能性があるからである。だからこそ、偏見の低減のためには、幼児期からが重要となるのではないだろうか。

【引用文献】

ブラウン, R（1999）『偏見の社会心理学』北大路書房、122-165（Brown, R. (1995) *Prejudice: Its Social Psychology*, Oxford: Blackwell Publishers）

Chang, H. N., Muckelroy, A. and Pulido-Tobiassen, D. (1996) *Looking In, Looking Out: Redefining Child Care and Early Education in a Diverse Society*, Oakland: California Tomorrow, 37-42

Derman-Sparks, L. and the A.B.C. Task Force (1989) *Anti-Bias Curriculum: Tools for EMPOWERING Young Children*, Washington, D.C.: NAEYC, 1-5

佐藤千瀬（2004）「国際児に対する保育者の捉えと日本人園児の実態のずれ —— A幼稚園の3歳児クラスの集団形成過程を通して——」東京学芸大学大学院連合学校教育学研究科『学校教育学研究論集』第10号、1-14

Wright, M. (1998) *I'm Chocolate, You're Vanilla: Raising Healthy Black and Biracial Children in a Race-Conscious World*, San Francisco: Jossey-Bass

【参考文献】

佐藤千瀬（2005）「幼児の外国人園児に対する差異化のプロセス—— A幼稚園の5歳児クラスの事例より——」東京学芸大学大学院連合学校教育学研究科『学校教育学研究論集』第11号、39-51

佐藤千瀬（2005）「『外国人』の生成と位置付けのプロセス—— A幼稚園での参与観察を事例として」異文化間教育学会『異文化間教育』第21号、73-88

# 3 差別の体験がどのように当事者を苦しめるか——ライフストーリー

手塚章太朗／坂田麗子

　本章は、差別された体験がどのように当事者を苦しめるか、当事者のライフストーリーを2例取り上げることにする。最初のライフストーリーは、ユニークフェイスの当事者の立場からこれまでの人生を振り返り、差別体験と対処行動等を語り、障がいをもつ人々の社会的認知の重要性などを示している。

　2番目のライフストーリーでは、複数の国での海外生活体験と障がいをもつ家族との生活の中で、当事者およびその家族がどのような苦悩をもって生きてきたかについて語られている。こうした半生を振り返るとともに、どのように自己肯定感が形成されてきたかについて示されている。

## 3-1　ユニークフェイス
（手塚章太朗）

### はじめに「ユニークフェイス」とは？

　ユニークフェイスとは、病気や怪我などが原因で「普通」とは異なる見た目をもつ人たちを表現する総称です。グループとしては1999年に顔に痣のあるジャーナリスト石井政之氏によって「顔面漂流記」（かもがわ出版）が出版され、それをきっかけに発足しました。2002年にはNPO法人となり、セルフヘルプグループとしての

第1部　多文化社会における偏見形成

活動も行ってきました。この章では、当事者の体験を軸に進めていきますので総称としての「ユニークフェイス」について主に説明します。

　ユニークフェイスの当事者は、それまで見た目の症状を表現する適切な言葉がなかったため、「奇形」「醜形」などネガティブであったり、差別的な呼び方をされていました。そこで、当事者が自分自身を肯定的な表現で説明できるようにと造語が作り出されました。それぞれの疾患や外傷による「固有（ユニーク）」の「顔（フェイス）」という事で名づけられています。一人ひとりに違った症状をもっていても、その状態を否定的なものとして捉えず、自分自身の個性として受け入れ、表現する。この名称を作った事によって、さまざまな疾患、症状をもつ人たちが共通の言葉でそれを表現する事が可能になったのです。たとえば、「ユニークフェイスの手塚です」のように。

　この名称は前述したように、病気や怪我、具体的には血管腫（赤アザ）、太田母斑（青アザ）、顔面麻痺、白斑、リンパ管腫、頭蓋骨変形、小耳症、レックリングハウゼン症、円形脱毛症、アルビノ、眼瞼下垂などから火傷によるケロイド、交通事故による傷跡まで、ありとあらゆる原因によって生じる見た目に差異をもった人たちを形容する言葉として使われています。疾患や症状の種類は問われません。こういった見た目に問題を抱えた方は全国に80万〜100万人以上はいると言われていますが、きちんとした統計調査が行われていないために正確な数値はわかっていません。この数字は一部の医療機関や当事者団体が公表しているデータ、海外での統計調査などから推計される数字です。この数字は小さいでしょうか？　百人に一人に近い割合で存在しているのです。

　このようにユニークフェイス当事者は、社会の中に少なからず存

在しているはずなのですが、これまでほとんど社会において取り上げられる事がありませんでした。また、機能的な障がいがないため公的な支援もほとんどありません。社会からの認知度が低いままとなっている原因はいくつもあり、ひとつには単に「見た目」の問題であって、身体障がいの方のように体に機能的な問題がないために顧みられる事がなかったという事や、普通と違った見た目をもつがために、社会に出る事に抵抗があり、目立たないように目立たないようにと当事者が暮らしてきたなどという事情があります。

しかし、ユニークフェイス当事者は体には機能的欠陥はないものの、実際には社会で生きるうえでは多くの困難に直面しています。

・見た目に人と違っているために自分に自信がもてない。
・他者とのコミュニケーションが苦手である。
・初対面の相手と会う事が苦手。
・いじめを受ける。
・恋愛や結婚で悩む。
・就職差別を受ける。
・友人関係を築きにくい。
・無責任な興味の対象とされる。
・日常のあらゆる場面で不意に無視されたり、軽んじられたり、嫌悪の対象として攻撃される。

松本学・石井政之・藤井輝明編著（2001）
『ユニークフェイス一問一答』解放出版社

見た目による偏見や差別、普通ではないという孤立感、身近に同じような境遇の人がいないために自分自身がどのように生きていけば良いのかわからないという深刻な悩みをもつ人も少なくないので

す。中には自殺も考えたという人までいます。しかしながら、現在のところこの問題を解決するための選択肢はとても少ないのが現状です。多くの当事者が未だ社会の中で孤立感を感じながら生きているのです。

　また、多くの当事者は治療による治癒を願っていますが、ほとんどの疾患症状において完治は難しく、一生この問題と付き合って行かなければならないのが現状です。現代医学をもってしても、この問題を解決する事はできないのです。だからこそ、この問題を社会に認知してもらい、いわれのない偏見や差別を受ける事がなくなるよう取り組んで行かねばならないと考えています。

　現在、ユニークフェイス当事者は主にインターネット上のソーシャルネットワークサービス内で活動しています。専用のコミュニティがあり、情報交換や交流が行われています。そこでは治療に関する情報から、生きていくうえでの知恵について、当事者として生きていく中で感じたり考えたりしている事についてなど、それぞれのニーズに合わせて語り合われています。中には当事者の子をもつ親も参加しています。しかし、それとてほんの一部の人々に過ぎないのです。多くの当事者が社会の中で同じ悩みをもつ仲間と出会う事なく暮らしている事を忘れる訳にはいきません。

# 当事者の立場から――「差別」の体験

### 1　自己紹介

　私は36歳になる男性で、福祉施設職員をしています。離婚歴あり。いわゆるバツイチです。けれども今現在パートナーはいます。私の顔左半面には、血管腫という赤アザがあります。今回はこの、人とは違った見た目をもって生活してきた体験を語る事によって、

偏見、そして差別の体験がどういうものか、その一端を知っていただけたらと思います。専門的な話ではなく、あくまでも当事者の体験談ですので、難しい話ではありません。私の話の中から、共感できる事があったり、何か発見をしていただければ幸いです。

## 2　当事者としての私自身のこれまで

私自身のこれまで、についてです。実は私は日頃から、「明るい当事者」あるいは、「前向きな当事者」として活動しています。ですから、辛い差別の体験などはこれまであまり話した事はありませんし、本当のところを言うと話したくもありません。しかし、それは、辛い記憶だから話したくないのではありません。それは単に、私にとって「過去」でしかないからです。辛い過去の体験はあるけれども、今もそれに苛まれている訳ではないし、実際のところ、今現在の私は差別を意識して生きてもいないのです（今は差別がないという意味ではありません）。これは、私が時々人に話す事ですが、辛い過去は追いかけては来ません。過ぎた事は、もう終わった事です。終わった事について、いつまでもこだわっている必要はない。ましてやそれがマイナスの経験なら尚更です。

しかし、今回は少しだけ話をさせていただく事にします。私にとっては単に「過去」でしかないかも知れませんが、この問題を知らない方にとっては、はじめて聞く話になるでしょうし、未だ問題を切実に感じている当事者、とりわけ若い人にとっては役に立つ事も含まれているかもしれないからです。

## 3　幼少期

私の記憶は幼稚園に通っていた頃からしかないのですが、当然の事ながら、アザのあるこの顔は目立ちました。子ども達に一番多い

反応は、「どうしてそうなったの？」というもので、幼い頃の私は、そう訊かれる度に、「これは生まれつきで、痛くないし、うつらない」と、答えていました。それは、両親からそう答えるようにと教えられていたからです。本当は自分でも何故こんな顔なのかわかっていませんでしたし、何故人と違うのかも理解できませんでした。訊いた方も訊いた方で、「なんだかわからないけれど気味が悪い」という事が多かったと記憶しています。当然の事ながら、その中の一部の子ども達は私をからかったり、避けたりしました。遠くからヒソヒソと私の事を指差して話す子どももいましたし、面と向かってお化け扱いする子どももいました。遊びなど直接体験を通して達成感を感じる過程の中で、打ち解けていける部分も確かにありましたが、やはりどちらかと言うと一人で過ごす時間の多い子どもでしたし、私の方でも一定の距離を置く事が多かったと言えると思います。

4 学童期

小学校に上がっても状況は変わりませんでした。自分の中ではすでに、「なんで自分の顔は普通じゃないんだ」という想いがあって、その事を恨めしく思っていました。そして、普通でないがために「いかに普通に振る舞うか」を行動の基本にしていました。見た目に普通でないからと言って、コソコソしていたくない。それでも、小学生の間中、担任教師から見た私の評価は、「内向的で引っ込み思案」というものでした。両親はこの頃、私にさまざまな習い事をさせました。サッカー、剣道、水泳、テニス、スキー。両親としては、とにかく人前に出る事を苦にするような子どもにはなって欲しくない。どんなところにでも出て行けるようになるために、他の子どもと一緒に活動する事を求めたのだと思います。そして、私はと

りあえず、その目標はクリアしたようです。小学校を卒業する頃には、あまり人見知りしないようになっていました。しかし、課題も見えてきたのがこの頃でした。人とは違った見た目をもつ私は、「普通」にやっていたのでは認めてもらえない。普通にやるのが当たり前だからです。私は「普通」になるために努力していましたが、辿り着いた「普通」はスタートラインに過ぎなかったのです。

## 5 少年期

　普通にやっていたのでは、「普通」になれないという事が身にしみてわかり、中学生になる頃にはいろいろと凝り始めました。もともと「引っ込み思案」と呼ばれた私でしたから、趣味と言えば読書でした。だから、とにかくたくさん本を読みました。とにかく知識が欲しくて、中学生にして「現代用語の基礎知識」など暇を見ては読んでいました。それも、興味があるところをではなく、頭からです。体も鍛えました。テニス部でしたが、テニスよりも（私は球技が苦手なのです）専ら筋力トレーニングをしていました。それは、なにがしかの分野で、「一目置かれたい」という願望があったからだと思います。見た目が普通でなくても、何かひとつでも飛び抜けたものがあれば尊敬されるのではないかという単純な考えでしたが、私は見た目は普通じゃないけれど、中身はいたって平均的な人間であったため、上手くはいきませんでした。それでも、今になってみればこの頃の試行錯誤は意味があったと思っています。この頃に、「ああでもない、こうでもない」と試した経験は、大人になった今でも生きています。しかし、いじめが一番熾烈だったのもこの時代でした。

　顔を見ただけで因縁をつけられる。何しろ目立ってしまうので、見つけられる度にいちいち突っかかられる。私は基本的には無視を

決め込む事にしていましたが、無視される事に苛立って、暴力を振るわれる事もありました。私は平和主義で、暴力が嫌いでしたが、必要に迫られれば反撃する事について躊躇がありませんでしたので、そんな時には喧嘩になりました。学校の自転車置き場の隅だとか、プールの裏だとか、人気のない科目教室の並んだ長い廊下だとか。まるでどこかの学園ドラマの話のようです。たいていは誰かが見つけてくれて、教師を呼んでくれるのですが、駆けつけた教師にはいつも落胆させられました。話の前後を聞いて、どうやら喧嘩の原因は私の顔にあるとわかると、教師達は歯切れが悪くなりました。いつも、最後には知らぬ振りのお咎め無しです。せいぜい、「いい加減にしとけよ」くらいのどうでもいい台詞を残して去って行くくらいです。ある教師はこう言いました。「学校の中で個人的な理由から喧嘩をする事は許しません！」。私は一瞬言われている意味がわかりませんでした。個人的でない喧嘩とはどういうものだろう？ 学校の外なら私はいじめられても構わないと言われたような気がするが、気のせいだろうか？ 教師というものに対して、強烈な不信感をもちました。この人たちは、絶対に私を守ってはくれない。教師達が私の喧嘩を表沙汰にしなかった結果、私の喧嘩は私の両親に知られる事はついにありませんでした。私の両親は今でも知りません。きっとこの文章を読んだら驚く事かと思います。良かった事と言えば、内申書に喧嘩の事を書かれなかった事くらいでしょうか。

そんな厳しい中学生活でしたが、不思議と、変わった顔をしているだけで不良に絡まれる僕に、同情してくれる「不良」というのが現れて、それからはずいぶんと楽になりました。僕が喧嘩を始めていると知ると、こぞって駆けつけてくれたからです。「章ちゃんどうした！」と言いながら4〜5人の集団で駆けつけては、「お前ら何やってんだよ」と、私に絡んだ人間を追い返してくれました。今

でもとても感謝しています。彼らのおかげで私は中学生活を乗り切る事ができました。ただ、騒ぎがかえって大きくなってしまう事があるのが玉にきずでした。

## 6　青年期

高校に上がる頃には、周りには見た目を理由にからかって来るような人間は少なくなっていました。それでも、普通になれた訳じゃないという事もわかっていました。私は、当時ずいぶんと雑学的な知識を仕入れて理論武装していました。心理学や、哲学の本をずいぶんと読んだのは覚えています。今では内容はすっかり忘れてしまいましたが……。見た目であからさまに馬鹿にする人間は減りましたが、間接的に私を集団の中から孤立させようとする人間は、相変わらず存在していました。

私は付き合う人間を絞り、集団から疎外されるような事態に陥っても大丈夫な環境を周囲に作る必要性に迫られました。簡単に言えば、友達グループを複数箇所に作るような作業などです。はっきり言って、面倒極まりない作業でした。友人を作るのに、いちいち選別をしなければならず、それは普通の人がしている作業よりもずっと手の込んだものでした。いろいろな方法で人を試し、「大丈夫」と確信するまでは当たり障りのない付き合いに徹しなければなりませんでした。

私をのけ者にしようとする人間がいたとしても、それらの人を無視して私と友人関係を続けてくれるような人。これは結構高いハードルです。この過程で、私は人を見る目を養いました。おかげで、怪しい人間は一目でわかります。もっとも、怪しい人間の方がある面では魅力的であったりするのもまた事実なのですが。

そんな生活の中で、自分に必要なのはコミュニケーション能力だ、

と私は考えました。自分がどのような見た目をもっているにせよ、社会で生きていくためには人とコミュニケーションをとらなければならないし、見た目にハンデキャップをもっている以上、その能力は高いに越した事はありません。その能力を磨くためには自分の内面に、より深く潜っていかなければならないし、それはむやみにやっていては上手くいかないであろう事も予想できました。

　大学に入る事によって、それまでの人間関係のしがらみはリセットされました。この頃には、自分の見た目がどうであれ、「自分は普通の人間だ」と開き直っていたので、自分の顔の事など知らぬ顔で学生時代を過ごしました。しかし、周囲は見た目に異質な私をどう扱って良いのか判断に迷う様子も見られました。そのため、高校生の頃より、より付き合う人間を絞りました。

　一方で、見ず知らずの人たちに出会っても、普通にコミュニケーションをとる事を、進んで行うようにしました。友人ではないけれども知り合い、という人たちです。同じ講義をとっている学生、バイト先の同僚、客。こちらから普通に声をかけて、当たり障りのない普通の人間関係をスムーズに構築すること。それが私にとっての社会適応訓練でした。

　大学で学んだのは、「臨床心理学」です。当時、とてもマイナーな領域でしたが、コミュニケーション能力を磨く事、自己の内面を深く掘り下げる作業をしなければならない事を考えると、この選択肢がふさわしいだろうと判断した結果です。考えていた通り、大学での４年間は充実したものになりました。臨床心理学という、あまりに広く、あまりに深い学問自体は全くモノにする事ができませんでしたが、自分が社会で生きていくために必要だと考えていた、「能力」はなんとか磨く事ができたと思っています。

　大学を卒業し、大きな壁である、「就職」も偶然に助けられて乗

り越えました。実は大学卒業のぎりぎりまで就職は考えておらず、専門学校に進むつもりでいたのですが、ふとした事情から面接を受ける事になり、そのまま内定してしまったのです。ですから、偏見・差別当事者の就職に関して私はたいしたことを言えません。ただ、普通にやったら非常に厳しいという事だけは言えます。私の経験の範囲だけで言っても、たとえばバイトでコンビニのレジを受けた時には、「昼間のシフトには入れないから」とあからさまに言われましたし、就職の際にも、「顔はちょっと普通じゃないけど、教授を信頼しているから」と言われました。

## 7 恋愛・結婚について

恋愛については、どうしても「見た目」は全く問題にならないとは言いがたいと思います。しかし、恋人が欲しいなあ、とごく普通に思い続けていたら、できました。もちろん、特別モテた経験なんてありません。ただ、私から言える事は、見た目に問題を抱えた人間の恋愛は、成就するのに時間がかかるという事です。一目惚れされるなんて事はまずありえません。当たり前に聞こえるかも知れませんが、知り合いから始まり、友人関係になり、ある程度の時間をかけて信頼関係を築いた時、はじめて恋愛への道が開けるといった感じです。こちらから一目惚れしても、告白できるまでには時間がかかるのです。信頼関係もないままに告白などしても、けんもほろろに振られるのが関の山です。当然、合コンで彼女をゲットするなんて芸当は、見た目に問題を抱えた人間にとっては夢のまた夢でした。それ以前に、そもそも「告白」なんて行動を実行に移す勇気を獲得するのが難しいのは言うまでもありません。普通の人だって、告白する勇気なんてなかなか出ないと思います。ましてや見た目に問題を抱えていたら……。皆さんにもこれは容易に想像がつくので

はないでしょうか？

　結婚にも困難はあります。相手の親族の了解が得られるかどうかは非常に気になる点です。実際、遺伝はしないのか？ とか、何か見た目以外にも問題があるのでは？ と思われる事があります。性格が歪んでいるのではないか、非社会的な考えの持ち主なのではないか、という「偏見」です。これはとてもデリケートな問題です。しかし、と私は思うのです。遺伝の問題は医学にまかせるとしても、自己の内面に関してなど、普通の人だって何を抱えているかわかったもんじゃないんじゃないか、と。ちなみに、私のような血管腫に関して言うと、遺伝の問題はほぼないと言われています。日本国内で血管腫が遺伝すると言う医者は、恐らくいないと思います。確かに、一部の血管腫（家族性と呼ばれるようなものなどいくつかある）に関しては遺伝の可能性があると言われますが、私のように親族内に同じような症状の人間が存在しないという場合には、遺伝の可能性はないと言われています。そもそも、血管腫という病気は1,000人の新生児中、3人の確率で生まれると言われています。0.3％。この確率が高いか低いかは判断の分かれるところだと思いますが、遺伝などしなくても、普通に生まれて来るのです。出生確率という点でひとつ例を出したいと思います。この例示が適正かどうかはわかりませんが、ダウン症に関していうと1,000人に1人という確率で生まれてくるとも言われています。母体の年齢によって確率は違うとも言われていますが、どちらにせよ血管腫の当事者が生まれて来る確率は、ダウン症よりも高いという事は言えそうです。

　話が少し脇道に逸れました。私自身の話に戻しましょう。これまでの文章を読んでいただければわかるかと思いますが、いろいろな事がありながらも私は普通に生活しているという事はわかっていただけるかと思います。

そして、現在に至ります。「見た目の事など気にする素振りもない」という生き方自体は今も変わっていません。しかし、見た目で差別されうる社会であるという事はわかっています。だからという訳でもないのですが、一昨年（2010年）になって、ふと当事者活動をしてみようという気になりました。離婚をして、自由な時間が飛躍的に増えたから、というのが一番の要因のように思います。それが今の私です。今ではブログ、twitter、mixiなどでコツコツと活動しています。ありがたい事に、そんな私の活動を知った方からさまざまな機会を与えていただいています。この文章も、そんなありがたい申し出のひとつです。

## 8　当事者から見た「差別」の体験

　当事者として差別の体験をしてきた事は、私の人生に大きな影響を与えました。その中にはマイナスな要素が多数含まれていました。できればなくなって欲しい、あんな思いをする人は一人でも少なくしたい。そう思います。しかし、一人の人間としての私は、そんな体験の中から少なくない量の大切な経験もしました。差別の体験によって私は鍛えられたとも言えなくはないのです。

　ですから、私の想いは複雑です。あの、差別の体験は私の中で「生きている」。社会に出て、働くようになって、色々な経験をしました。たくさんの事を学びました。しかし、社会の中で生きていくうえで必要なさまざまな事の内、幾分かを私は差別の体験からすでに学んでいたのです。つまり、それが社会における、「偏見」や「差別」の問題なのでしょう。社会には避けようもなくこれらが存在していて、非当事者も社会ではいつその対象となってしまうかわからない。だから、このテーマは話し合われなければならない。この事は私を悲しくさせます。私が育って来た中で受けてきたさまざ

まな扱いは、大人でさえも対処に困るような、複雑で、解決が難しく、かつ人をひどく傷つけるものだったのだと、今になって思い知らされるからです。しかし一方で、だからこそ私に言える事があるのではないかとも思いました。それは、被差別者がその壁を乗り越える方法はふたつあるという事です。

　ひとつ目は、「社会的解決」です。社会がその問題に理解を示し、共に考え、より良い在り方を作り出す方法です。見た目に関する各団体もその事には力を入れていますが、未だ十分な効果を上げる事ができていません。他の問題でも似たような状況にあるケースは多いのではないでしょうか。これはいわゆる「社会啓発」です。この問題の社会的認知度を上げ、社会の一人ひとりが意識的にその関わり方を変容させる。差別を起こりにくくするために偏見を取り除くべく情報を提供し、その対処法を広める事。

　ふたつ目は、「個人的解決」です。私のように、いつの間にか壁を乗り越えてしまい、デメリットを感じずに済むようになるケースです。目の前にある壁を、必死に乗り越えようと頑張っていたら、気づくと壁がなくなっていたという場合です。実際には壁はなくなってはいないのですが、少なくとも日常生活を送るうえで困難を感じる事はなくなっています。もちろん、社会の方はそれほど大きく変わってなどいません。私の社会に対する認識自体が変化したと考えるのが自然だろうと思います。つまり、困難に対しては常に立ち向かっていかなければならず、「逃げれば逃げる程苦しめられる」という事を思い知らされた結果、逃げる訳にはいかない事については自然と立ち向かい、必要な分の努力はして、困難を感じない程度にその影響を減らしているという事だと思います。こうして書いてみると、何か大きな事をしているように見えますが、現実にはそれほど立派な事ではありません。誰もがこれをやっているからです。

だからこそ、人は社会に「適応」しているのです。「見た目に問題を抱えた当事者の物語」は、一見するとほんの一部の人間に降り掛かった不幸のように見えますが、実は社会で生きている人は誰でも直面している問題なのです。

　さて、話は戻りますが、このふたつの方法は、それぞれ別個に働いているものではありません。社会的理解があるからこそ、個人の努力が報われ、個人が頑張っているから、社会がそれを認める。お互いに影響し合い、時には相乗効果で問題を解決していきます。私が望むのは、そういう社会と個人の在り方です。ふたつの方法が、それぞれ効果的に機能した時、社会から差別や偏見は薄れていくのではないでしょうか。このふたつは、言わば車両の両輪です。片一方だけでは上手く機能しない。私の子ども時代に照らし合わせてみれば、私に理解を示してくれた友人達は社会における「理解度」「認知度」が上がっている状態だったと言えますし、自分なりにいろいろと試行錯誤した過程は、一人ひとりの「被差別者」「被偏見者」が問題克服のために能動的に行動する事にあたると思います。どちらか片方だけでは上手くいかない事も多いかも知れないけれども、少なくとも進むべき方向性がはっきりしていれば、いつかは解決する時が来るのではないかと考えています。こういった問題が、忘れられる事なく、継続的に解決に向けて取り組まれていき、さまざまな事がするりと糸が解けるようになっていってくれたら、そう願わずにはいられません。

## おわりに

　この文章は、あくまでも私の個人的な体験と、個人的な対応に基づいて書かれています。当事者の抱える症状は、その種類、程度な

どにおいてさまざまです。また、解決方法も人によって全く違う事があります。遠慮せずに症状について聞いてくれた方が楽な人、放っておいて欲しい人、さまざまです。100人の当事者がいれば、100の解決方法があり、それより何より100の悩みがあります。一括りに語る事はできないものだという事を忘れないで下さい。私にしても、自らの経験をこのように不特定多数の方に読んでいただく事はありがたいと思いつつも、「そうじゃないだろう」と考える方がたくさんいるだろうという事をわかったうえで書いています。私の事例は、あくまでも一ケースでしかない。その事だけはわかっていただきたいと考えています。個人的には、不特定多数の方に情報を発信するより、一人ひとりの方の考え方に寄り添って、共に考えていきたいと思っています。ですが、今回このような形での一方的な「語り」となりました。これからも私は、その人その人に合わせた対応をしていきたいと考えています。この文章をきっかけに、一人ひとりの当事者や、その支援者、そして社会の多くの方がこの問題について考えていただける機会を提供できれば、これ以上の喜びはありません。

【参考文献】
松本学・石井政之・藤井輝明編著（2001）『ユニークフェイス一問一答』解放
　　出版社

# 3-2 異文化体験と障がいをもつ家族との関係
(坂田麗子)

## 1．はじめに――私はいつもマイノリティだった

　私は、よく人から天真爛漫な性格だと言われます。冗談を言い、人を笑わせるのが好きです。この性格は、両親から譲り受けた性格だと思っています。友だちからは、「悩みがなさそうでうらやましい」と言われることもあります。でも、そんな私にも悩み続けてきたことがありました。

　私はいつも自分がマイノリティであると感じていました。他者から見れば、私はマジョリティの中にいるごく普通の人なのでしょう。でも、私はそう思うことができませんでした。私は、あらゆることに関して、自分は中途半端な人間であり、マイノリティなのだと感じてきたのかもしれません。

## 2．帰国子女であること

　私は、帰国子女です。父の仕事の都合で、約11年間を海外で過ごしました。1歳から5歳までをアルゼンチンのブエノスアイレスで過ごし、現地の幼稚園に通いました。6歳のときに日本へ帰国し、幼稚園から小学校4年の1学期までを日本で過ごしました。その後、小学校4年の2学期から中学校3年生までの約6年間をマレーシアで過ごしました。学校は日本人学校に通っていました。それから、日本の高校に進学しました。大学も日本の大学に進学しました。大学に入ってからは、自らの決断でアルゼンチンへ1年間留学しまし

た。それから日本に帰国し、大学を卒業してから、大学院へ進み、日本語教育を専攻します。その後、日本語教師になります。まず、外国人集住地域の群馬県伊勢崎市にある中南米の児童生徒が通う外国人学校で3年半、日本語を教えました。その後、1年間アメリカの大学で日本語を教え、現在は、日本の大学で留学生に日本語を教えています。この本が出版される頃には、韓国の大学で日本語を教えていることでしょう。

　私はこのようなさまざまな国を行き交う背景をもちますが、両親が日本人ですから、見た目はもちろん日本人です。そのことから、大人になるまでその時々にいた社会で何か違和感を抱き続けてきました。海外にいるとき、日本にいるとき、それぞれで自分の居場所を模索してきたように思います。また、私はさまざまな言葉を操れるわけではありません。アルゼンチンに住んでいたころは現地校だったので、スペイン語でやり取りをしていたようではありますが、幼かったため、後でスペイン語が私の中に残るわけではありませんでした。また、マレーシアでは英語が標準語のため、日本人学校では小学生の頃から英語のクラスがありましたが、日常生活で使う英語を話せる程度でした。日本語に関しては、家庭内言語であり、学校でも日本語でしたが、日本で生活した経験が少ないため、意外なところで知らない単語や言い回し、文化がありました。すべての言語が中途半端で自信がもてないので、自分が完全ではなく何か欠けている人間のように感じてきました。それが、私のコンプレックスを肥大させ、人格を形成していく時期に思い悩む要因になったのでしょう。

## 3．障がい者の姉がいること

　私がマイノリティを感じてきたのは、帰国子女だったという理由だけではありません。私は、3人姉妹の末っ子ですが、次女が重度の知的障がいをもっています。障がいの程度は、療育手帳でA1という最重度の知的障がいであると判定されています。言葉は、「パパ」「シー（トイレ）」「ビヤビヤ（プール）」など発することができますが、意味と直結せずに発することもあります。食事は自分でスプーンですくって食べることができますが、手で食べようとするので、通常は誰かに食べさせてもらうことが多いです。衣服の着脱などは、手を上げ下げするなどができますが、一人ではできません。トイレもズボンを下ろすことはできますが、一人ではできません。基本的に明るい性格で、よく食べ、よく寝て、よく運動もして、いたって健康体です。しかし、情緒が安定しないことがあります。次女の名前は真子（なおこ）と言います。私たち家族は彼女を「なおちゃん」と呼びます。

　私の家族はいつも一緒でした。これは両親が大切にしてきたことなのだと思います。なおちゃんも私と同じように、海外で育ちました。知的障がい者の大きな特徴でもありますが、なおちゃんは、環境の変化に人一倍敏感なところがありました。なおちゃんは私と同じようにさまざまな学校へ転校しましたが（なおちゃんの場合は障がい者のための学校でしたが）、その都度その環境に慣れるのに時間がかかっていました。家族はいつもなおちゃんの対応で必死でした。私となおちゃんは年子だったため、私はなおちゃんと家族が苦しむ時期を見ながら育ちました。そのおかげで、「なおちゃんが必要としていること、家族が必要としていることを言われなくても読み取り、動ける子どもにならなければ」と幼い子どもの頃から心に刻み込ん

でいたのかもしれません。そのせいか、私は障がい者の立場を察し、健常者の人が無意識に発する言葉にいちいち傷ついていたように思います。そして、自分は「家族に迷惑をかけてはいけない」「いい子でなければならない、そうでないと私は家族に認めてもらえない」、そんな思いが気づかないうちに私の心の中で大きくなっていきました。ある意味、健常者の社会で、私は障がい者のいる兄弟としてマイノリティを感じ、家族という小さな社会でもなおちゃんの後に生まれた妹として自分はマイノリティであると感じてきたのかもしれません。傷つきやすい性格と、相手のことを察せられるようでなければ私は家族（人）に認めてもらえないのではないかという不安感が、家族との関係性だけではなく、社会生活で関わる人との関係性においても大きく影響してきたのかもしれません。

## 4．今回お話ししたいこと

　以上、お話しした帰国子女であることと、姉が障がい者であることが、私の今までの人生に複雑に絡み合い、自分がマイノリティを感じることにつながっているのだと思います。

　私は、今回執筆のお話をいただいたことで、初めて自らを省みることになりました。今まで一度も人に打ち明けることのなかった過去を、「偏見」という切り口から、読んでくださる皆さんにお話ししたいと思います。

　でも、私は、正直、この執筆のお話をいただいたとき、自分にはふさわしくないのではないかと思いました。それは、私は他者から差別を受け、嫌な思いをした覚えがなかったからです。他者からの偏見に苦しんだというよりも、むしろ、周りの人や自分を取り巻く社会の目に敏感になりすぎて、自分自身で作り上げた自己への偏見

に苦しんできたという表現の方が正しいのかもしれません。すべては社会もしくは自分を見る私自身のフィルターに問題があったのではないか、と最近になって思うのです。

　冒頭でお話ししたように、私は、「普通の人」に見られることで、自分の苦しみを人にわかってもらいにくかったという思いがどこかにありました。己を見る目はいつも厳しく、社会も私をそう見ていると信じてやみませんでした。他者から受けた行動を偏見と決めていたのは紛れもない私自身なわけで、自分自身こそが偏見の塊だったのでしょう。最近、やっとこの「普通の人」「普通の人じゃない人」という二項対立化した言葉に囚われなくていいのだということに、頭だけではなく、心と体で気づけるようになってきたと思っています。これも、私が築いてきてしまった固定概念なのかもしれません。それがわかったのは、家族や周囲の人たちからの温かい愛情のもとで自分が育ったということに気づくことができたからでした。随分と時間がかかってしまいましたが、やっといい大人になってそこにたどり着くことができました。長かったです。でも、費やした年月が私に必要な時間だったのだと思います。皆さんにも必ずご自身が抱える問題と向き合う時期があり、各々に適するタイミングと、必要とする年月があるのだと思います。私は、自分自身の内面とどう向き合い、乗り越えてきたかをこのライフストーリーでお話しさせていただきます。皆さんにとって、何かしらのヒントとなれば幸いです。

第 1 部　多文化社会における偏見形成

# 5．いつ頃から障がい者の姉妹であることを意識するようになったか
## ——アルゼンチン〜マレーシア時代

　詳しくは覚えていませんが、小学校に上がった頃から意識をするようになったと思います。なおちゃんが障がい者であるということは、物心ついたときからそれが当たり前だったので、特に気にしたことはありませんでした。しかし、周りの反応で私たちの家族が特別であるということに気づくようになりました。なおちゃんは、人と接触することを恐れるためか、外出の際、大きな声を出したり、道に座り込んでしまったりすることがあります。このときの周囲の冷たい目線で「うちは普通の家庭とは少し違う」と気づくようになりました。老若男女、すれ違いさまにじーっとものめずらしそうになおちゃんのことを見てきます。それから、決まって私たち家族のことを凝視するのです。しかし、なおちゃんは見られても自分の行動を改めるわけではありませんし、なおちゃんが改めるよう私たちが試みても無理であることを私たちはわかっています。けれども、なおちゃんの行動がおさまるよう私たちはできる限りのことをしなければなりませんでした。その間、周囲の人は見ることを止めません。それは、日本でもマレーシアにいたときでもそうでした。マレーシアでは、特に周囲の人から冷たい目線を向けられていたように思います。私が記憶に残っているのは、そのようなときに父が「じろじろ見るんじゃない!!」と日本語で周囲の人に怒鳴ったことがあったことでした。このような経験をする度、幼かった頃の私はなんとも言えない重い気持ちになったことを覚えています。
　アルゼンチンでは、まだなおちゃんが幼かったせいか、父の会社の人を家に招いた際に、その輪の中になおちゃんも一緒にいたこと

が多かったように思います。しかし、マレーシアでは、会社の人を家に招いたら、祖母が違う部屋でなおちゃんを面倒みるようになりました。私の役目は、来客に飲み物や食事を運ぶお手伝いをすることや、来客とおしゃべりをすることでした。そして、「いい子」であることでした。時々なおちゃんの泣き叫ぶ声がかすかに聞こえてくると、なおちゃんのことを心配する傍らで、来客の相手へ笑顔で接している自分に罪悪感があったことを覚えています。実際に両親がどのように考えていたのかはわかりませんが、小学生でまだ幼かった私は、「知り合いの前では、なおちゃんのことを隠さなければいけない」と考えるようになっていたのは自然なことでした。学校でも、なおちゃんの話をするのはタブーだと思っていました。ですから、友だちからは、私は3人姉妹でありながらも2人姉妹だと思われるような話題になる度に、胸がちくっと痛むのでした。「なおちゃんのことを人に話していいのか」ということを両親に確認したかったこともありますが、その話題にはふれてはいけないような気がして相談することはできませんでした。また、話していいと言われたとしても、友だちからどう思われるんだろうという不安な気持ちの方が勝っていたのかもしれません。

　この頃の私は、父が苛立っていたり、母が悲しい表情をしていたりすると、その原因が私にあるのではないかと思い詰めるようになっていました。私がいけないからみんなが困っているのではないかと自分を責めるようになりました。その気持ちは、思春期になってからもずっと抱き続けることになりました。だから、私は「自分を認めてもらえるよう努力をしなければならない」「自分は常に誰かの犠牲にならなければならない」「私の人生は、いつも人より苦しまなければならない。そうしないと私は人（家族、社会）に認めてもらえない」と考えるようになりました。これは、ある種の暗示の

ようなものだったのかもしれません。

## 6．帰国子女であることの壁——高校時代

　私が帰国子女であることを意識するようになったのは、日本に帰国をした16歳のときでした。実家から通えることを考え、帰国子女枠を使わず一般入試を受け、合格した私立高校へ入学しました。受験時は、私自身、自分が帰国子女であることを全く気にかけておらず、今後自分がどうなるかということも深く考えていませんでした。また、今までの転校先で交友関係において困ったことがなかったため、今回も問題ないだろうと安易に考えていました。

　考えが一変したのは、実際に高校生活が始まってからでした。私は「普通の人」としてみんなに紛れ込むことに成功しましたが、自分が帰国子女であることを隠した方がいい状況を雰囲気で察しました。当時の私は相手の様子をうかがってそれに合わせることだけを考えるようになりました。「目立ってはいけない」「(帰国子女だから)調子に乗っていると思われてはいけない」という思いが常にありました。

　そもそも、「普通の人」が抱くであろう帰国子女像というものが私の頭にはぼんやりとありました。私が考えていた典型的な帰国子女像というのは、みんながうらやむような先進国(たとえばよく知られるアメリカやイギリスなど)で育ち、言語(特に英語)を操り、自分の意見がはっきりと言える子というものでした。発展途上国で育った私は、そういうイメージに少し抵抗がありました。そんな私がイメージする「帰国子女」に人から思われないよう、細心の注意を払わねば……と考えていました。

　私はなんとかひとつの女の子のグループに入ることができました。

しかし、授業中の手紙をやり取りする時間、休み時間のトイレに行く時間、他の教室に移動するときの時間、机を合わせてお弁当を食べる時間、掃除をする時間、下校時間、と、ありとあらゆる時間でそのグループについていくのに必死でした。独りになることにおびえていました。自己主張をせず、相手の話に合わせ、気を使う毎日が続きました。今思えば、相手にとって、私は本当につまらない友だちだったと思います。そして、私自身、本当の自分を見せることができずにもがいていました。

　悪気はなかったと思いますが、友だちは私抜きで下校の後や、休日に遊びに行ったりしているようでした。それは、私の通学路がその子たちと違っていたこと、また私はバスケ部に所属しており、休日はほとんどその練習に費やしていたことからしょうがないことでした。しかし、私自身はいつも不安でいっぱいでした。その不安が決定打となったのは、私を除いたメンバーで温泉に出かけていたことを昼休みの会話から感じ取ってしまったときでした。

　そのような中、小学校の頃からしていたバスケが自分の居場所でした。しかし、マレーシアにいたとき頑張っていたクラブ活動と、日本の部活動には大きな違いがありました。まず、先輩後輩の上下関係に衝撃を受けました。1年違うだけでこんなにも気を配り、言葉遣いに気をつけ、雑務をしなければならないとは思ってもみませんでした。また、練習も毎日あり、かなりきついものでした。

## 7．高校生活でのある変容──高校1年の夏休み

　1年生の夏休み、このような生活に少しは慣れてきたと思っていた頃、私は腹痛がおさまらなくなり、救急で10日間ほど入院しました。毎日部活の練習をしなければならなかった日々から、ベッド

の上で安静にする生活になり、そこでやっと自分が今まで辛かったんだということを自覚するのでした。私は学校生活に慣れなければならないと一生懸命でした。でも、毎日看病をしてくれた母に、「無理をしなくていいんだよ」と言われたとき、ピンとはっていた我慢の糸がぷつんと切れ、少し楽になったことを覚えています。検査入院の結果、原因を特定することができませんでしたが、その入院が私に重くのしかかった肩の荷をおろしてくれたことに間違いはありませんでした。

　鮮明には覚えていませんが、それから私の生活は少しずつ変わっていったと思います。私はもともとグループで分裂するよりも、みんなで仲良くするのが好きでした。これは、私がなおちゃんとずっと過ごしてきたことや海外で生活してきたことが影響しているのではないかと思います。また、私が経験したような孤独感を他の人に味わってほしくないという気持ちが強かったと思います。私はあまりクラスで目立たない女の子たちや、一人で行動している女の子にも話しかけるようになりました。それまでは異性と話すこともびくびくしていましたが、異性同性ともにだんだん冗談を言い合えるようになりました。そして、辛い練習を乗り越えてきたバスケ部の仲間との絆も深まってきました。気づかないうちに、独りでトイレに行くのも怖くないし、昼休みも色んな友だちと机を合わせてあーだこーだ他愛もないことを話し、みんなで笑い合う時間が訪れるようになりました。私が帰国子女であることは、友だちは知っていましたが、何も気にしていないようでした。友だちは、「帰国子女の私」ではなく、「私自身」を見てくれていると感じていました。それを実感できるようになってから、人との付き合いがずっと楽になったことを覚えています。当時は、「帰国子女である私」も私であるということがまだよくわからなかったのだと思います。

## 8．高校時代に家庭で抱えていたこと

　高校生のときは、前述したように、日本の生活に慣れるのに必死でしたが、家庭でもまた悩むことがありました。日本に帰国したなおちゃんもまた、私と同じように新しい地に慣れるのに苦しんでいました。この時期は、私自身、無意識に忘れようとしていた過去だったのかもしれません。確か父が単身赴任でまだマレーシアにいたときだったと思います。なおちゃんの情緒が安定せず、なおちゃんが一睡もせず、水分も一切取らず、食事ものどを通さず、家の廊下の床に座り込んだまま、動かないときがありました。なおちゃんの目が血走り、大きな涙をためながら、発作を起こしたかのように怒りや悲しみといった負の表情を全面に出すことがありました。そのようなとき、家族はなおちゃんに何か一口だけでも飲んでほしいし、ゆっくり休んでほしいと切実に願い、必死になおちゃんに付き添うのですが、なおちゃんは拒みますし、てこでもその場を離れません。近づこうとするならば、動かそうとするならば、なおちゃんは私たちの腕をものすごい力でつかんだり、つねったり、髪の毛をひっぱって離しませんでした。なおちゃんは、相手がどれだけ痛いかということを考えられないので、加減ができません。そのため、私たちの腕はつねられて内出血をしたり、爪でひっかかれて皮膚が切れたりします。なおちゃんが物を投げて私たちに当たることもありました。髪の毛をひっぱられると一度にかなりの髪の毛の量が抜けることもありました。私は髪が長かったので、よくターゲットになりました。でも、私が一番辛かったのは、私が痛い思いをすることではなく、そんな私をかばおうと家族が痛い思いをすることでした。そして、なおちゃんも自分自身を力いっぱいたたくことでした。このようなときは、みんなで涙を流しながらなおちゃんを止めまし

た。そして、抱きしめました。どうしようもないときは、精神安定剤を飲ませ、眠らせることもよくありました。やっとなおちゃんが薬で眠って落ち着いたとき、母が「でもね、一番辛いのはなおちゃんなのよね」とつぶやくことが私は忘れられませんでした。そうなのです。私たちだけが辛いのではありません。そのとき、なおちゃんもまた苦しんでいたのです。私はこのような経験をするたび、「これからどうすればいいのだろう」とこの先が真っ暗になるような気持ちになりました。

## 9．帰国子女であるコンプレックス──大学時代

　高校では、帰国子女であることを封印する毎日を過ごしましたが、大学受験の際にその封印を解くことになります。私は今まで、アルゼンチンに住んでいたという話題になる度に、「5年もいたなら、そこの国の言葉をなんか話して」とリクエストされることが多くありました。その都度、私は「何もしゃべれないんだ」と明るく流していました。しかし、内面では何かモヤモヤしたものがありました。いつからか私は、スペイン語を1から勉強して習得したいという気持ちを抱くようになりました。それは、「アルゼンチンにいたけれども、スペイン語が話せない」「マレーシアにいたけれども英語がぺらぺらではない」といった言語に対するコンプレックスを抱いていたからなのでした。

　大学受験は、スペイン語学科のある私立大学に自己推薦枠で合格することができました。さあ、晴れて念願のスペイン語学科に入学！　これで、自分のコンプレックスともおさらばだ！　と希望に満ちていた私は、大学生活でそのコンプレックスと格闘することになりました。私が通った大学は、帰国子女やダブルの多い大学で有名

でした。ずっと帰国子女であることに自信がもてずにいた私にとって、私の周りの人たちは、見た目がとても華やかで、言語を思い通りに操り、自分が帰国子女だということを誇りに思っている人たちに見えました。私は、帰国子女の中でのマイノリティを感じるようになりました。そして、帰国子女ではない人たちも、一般受験を乗り越えてきた優秀な人たちばかりで、自己推薦枠で運良く入ることのできた自分とは異なり、一度の授業で学んだことを吸収する量が明らかに違うと感じました。私の周りの学生はスペイン語をどんどん自分のものにしていく一方で、私のスペイン語はいつまで経っても上達しないと思うようになりました。「アルゼンチンで過ごしたあの５年間は何だったのだろう？」と自分の過去を責めました。子供の頃、耳でスペイン語を聞いていたことがあったからか、聞き取りや発音に関しては少し感覚として残っていたところがあったのかもしれません。しかし、文法や語彙を積み上げ式に学んでいくスタイルは、私にとって難しいものでした。授業も一番前で聴講し、聴きもれることのないよう必死でノートを取りました。試験勉強は徹夜の毎日が続きました。でも、人一倍努力をしているつもりなのに、成績には反映しませんでした。クラスメイトは「麗ちゃんは努力家だから、大丈夫だよ！」と声をかけてくれるものの、結果の出ない自分に落ち込んでばかりいました。このような状況から抜け出さなければと思った私は、幼少時代に住んでいたアルゼンチンに留学することを決意します。

## 10. アルゼンチン留学（異文化社会に適応するまで）

アルゼンチンの地に着いたときには、不思議な気持ちでした。全てが新しく目に映るようで、どこかに懐かしさがありました。「三

つ子の魂百まで」ということわざ通り、ここが今の私を構成する大事な一部分なのだと酔いしれていました。しかし、実際に住んでみると、昔住んだことのあるアルゼンチンの面影はほとんどありませんでした。そう、私が幼いころ住んでいたアルゼンチンは、「日本企業」というしっかりと守られた社会であり、そこで過ごしたからなのでした。

　私が留学したコルドバという第二の都市は、日本人はおろか、東洋人をほとんど見かけないところでした。留学先の大学は、さまざまな国から留学生を受け入れていましたが、私だけが東洋人でした。ですから、私は本格的なマイノリティをアルゼンチンで経験することとなります。彼らとは見た目も異なるし、習慣も考え方も異なりました。私は、幼児期をアルゼンチンで過ごしたものの、留学生の中で一番スペイン語がしゃべれませんでした。こちらでは、留学生のためのスペイン語のクラスがありませんでした。その代わり、留学生全員が必修で取らなければならない「アルゼンチン史」というクラスがありましたが、スペイン語で進む授業なので、ついていくのに必死でした。教師は私が理解できていないことをわかっているため、一人ずつ質問や意見を聞く際には、かならず私を飛ばすのでした。私は飛ばされる度にほっとする気持ちとなぜ自分がこの場にいなければならないのだろうという嫌な気持ちが入り混じったなんとも言えない気持ちになるのでした。他には、ネイティブの学生が履修する学部の授業を取らなければなりませんでしたが、このクラスも同様、私のスペイン語のキャパシティを遥かに超えた内容だったため、その場にいること自体が恥ずかしくて、自分の存在を消すのに必死でした。そのため、先生からも留学生からも見放されているように感じました。考えてみれば、この経験が日本語教師になる大きな動機となっています。クラスにいる学生ひとりひとりと向き

合い、誰一人見捨てない。各々の学生が必要とする教育を見極め、それを提供できる教師になりたいと。

　留学した頃の私は、授業だけではなく、生活面においても周囲の人の考え方や行動についていけませんでした。私よりもスペイン語が上手な留学生の大半は、勉強よりもむしろ留学生活を謳歌することを考えていたようです。クラブへ行き、お酒を飲み、夜遊びをしているようでした。中には、薬に手を出している人もいました。そんな彼らを見ては、どんどん保守的になっていく自分がいました。

　当時は、東洋人の顔をしていることで、知らない人から珍しがられることも頻繁にありました。通りすがりに中国語のような響きの言葉をかけられたり、スペイン語で人をからかう言葉をかけられることもありました。相手はただ珍しい人種がいるので、おもしろがってからかっているだけなのかもしれません。でも私はそう受け取ることができませんでした。外出するたび、肌の色や顔立ち、言語で孤独を感じました。ある催し物で、珍しいことに中国からの留学生と会ったことがありましたが、初対面の挨拶で、「日本はどれだけ中国にひどいことをしてきたか」という話をスペイン語で一方的に説教されたことがありました。その人は、自分の考えを日本人である私にぶつけたかったのでしょう。あんなに一方的に責められた経験は初めてでした。また、言葉だけではなく被害を受けた経験もありました。忘れもしないのが、横断歩道を青信号で歩いているとき、他にも歩いている人がいたのですが、左折をして横断歩道をよぎる車から野次を飛ばされ、ペットボトルの水をかけられたことでした。冗談にも程があると思いました。それは、私が東洋人であったからではなく、たまたま運が悪かっただけなのかもしれません。私自身も後で話の種になったと笑って気にしなければいいのでしょう。しかし、当時の私にとってはこの経験が侮辱以外の何物で

もありませんでした。自分のルーツをたどるために留学したアルゼンチンでしたが、そこに懐かしい面影はなく、むしろ住んでいたことを否定されたような気持ちになりました。

　このように、私はこの留学生活に慣れるまで大分時間を要することになりました。言語だけでなく、日本人である以上に、東洋人であると一くくりにされると感じることの不公平感と、さまざまな文化についていけない融通の利かない自分への苛立ちが募っていました。「本当の私はこんなんじゃない。日本語だったらこんなに面白い自分をわかってもらえるのに。今言語を使えない私は私じゃない。本当の私はこんなんじゃない」と思っていました。私は自分がスペイン語が上手じゃない上に、東洋人だから人から偏見を受けているのだと当時は決めつけていたのかもしれません。この「本当の私はこんなんじゃないのに……」という思いは、考えてみると、日本の高校に入学した当初の頃の気持ちと似ているのかもしれません。結局いつも自分に言い訳をし、自分で解決しようとせず、何かのせいにして自分を守る防御システムを働かせていたのかもしれません。

　留学生活も半年を過ぎた頃、生活にも幾分慣れてきました。それは、私をわかってくれる友だちができたからでした。同じ留学生だったドイツ人の女の子と、アメリカ人の女の子です。彼女たちは、スペイン語ができないことを気にも留めず私に話しかけてくれ、いつも一緒にいた仲間でした。私はスペイン語でうまく伝えられずにもどかしい思いをたくさんしましたが、彼女たちも夜遊びが好きではないといった、近い価値観をもっていたので、彼女たちと一緒にいることに安らぎを感じました。彼女たちとはペルー、ボリビア、チリを回る貧乏旅行に出かけました。生活習慣の違い、考え方の違いで衝突することもありましたが、一緒に過ごした時間が言語を超えた信頼関係を築けたのだと思います。彼女たちとは今でも心を通

わせることのできる友達です。現在それぞれ異なる国でスペイン語を使わない生活をしていますが、私たちが連絡を取り合うときは、いつもスペイン語です。はたから見れば間違いだらけのスペイン語かもしれませんが、私たちは全く気にしません。彼女たちは、私に言葉を使う意味と目的を教えてくれた大切な人です。

　そして、他にも私をわかってくれる人がいました。それは、日系人の男の子との出会いでした。彼は、私がさまざまな国の異文化と接し、言語で悩んできたことに共感してくれる人でした。ですから、彼が接する日系社会にいられるときが、異国の地で私の存在価値を無条件に認めてくれる居場所のように感じました。この彼との出会いで、私は卒論や修論につながる日系人社会に興味をもつことになります。

## 11. カウンセリングから始まる自我への目覚め

　今振り返ってみると、高校時代は、家では家族の問題に直面し、高校では笑顔で頑張り続けていたので、成長期にちゃんと自分と向き合うことができなかったのかもしれません。そのため、私は人より後れを取って、反抗期というものを経験することになったのかもしれません。そのきっかけは、考えてみれば、大学3年生のときに、当時お付き合いしていた人と別れ、大学の無料カウンセリングに立ち寄ったことだと思います。カウンセリングの際、私は自分の考えていることや、自分の気持ちを吐き出すのに時間がかかりました。それは、自分のことが全くわからないからでした。私はいつも人のことを優先してアクションを起こしてきました。人の意見が自分の意見だと信じてやみませんでした。だから、「あなたはどう思っているのか」と聞かれると、たちまち何も答えられなくなってしまう

のでした。本当の私はいつも空っぽだったのかもしれません。

　色々なことをカウンセラーに打ち明ける中で、私は家族の話題になると決まって涙が止まらなくなることがわかってきました。そこで、私は、自分の根本の問題に家族が大きく関わっているということに気づきました。私は人に尽くすことでしか人から愛されないと考えていたようです。心の奥底では、両親から無条件に愛されたいともがき苦しんできた自分がいたのでしょう。カウンセラーからは、もっと自分を楽にしてあげていいと何度も言われました。でも、私はどうすれば自分を楽にしてあげることができるのか見当もつきませんでした。こうして、私はカウンセリングを重ね、自分に自信がもてず、無理ばかりしなければならないと考えてしまう思考回路と向き合うことになりました。そして、ひとつの解釈として、こういう私になったのは、環境に原因があるのではないだろうかと考えるようになりました。障がい者の姉のことばかりで、私のことを愛してくれなかった両親に非があるのではないかと思い違えるようになったのです。それから、私はあまり家族と会話をしなくなりました。当時はそうすることでしか自分を守る方法が見つからなかったのだと思います。この頃は、色々なことを卑屈に受け取り、自分だけが被害者であるかのように感じていました。「姉はなおちゃんが生まれる前、両親からの愛情を一身に受けてきた。でも私は違う。いつもみんななおちゃんだった。私は誰からも愛されず、なのに私はなおちゃんに尽くさなければならなかった」——そういう心の底に隠れていた幼い頃からの心の叫びと向き合うことになるのでした。

　この頃の私は、週に１回のカウンセリングに通いながら、ありとあらゆるボランティアに参加するようになりました。ホームレスの方への炊出し支援、外国人を対象にした日本語教室、JSL（Japanese as Second Language）の子どもへの日本語支援、公立の小

学校や中学校でのスペイン語の通訳、外国人学校での日本語教師兼通訳など。今思えば、これらに没頭することで家族との接触を避けていたのかもしれません。それと同時に、人のために動くことで、誰かに認めてもらいたかったのかもしれません。本当は、ただ自分自身を認めてあげたかったのかもしれません。当時は「そのまんまの自分でいい」ということがまだわからなかったのでしょう。しかし、このアクションが、今の私につながるたくさんの出会いをもたらしてくれました。この時期に出会った人たちも私の人生における大切な宝物です。

　当時履修していた授業のひとつに、バイリンガリズムというクラスがありました。帰国子女の自分を肯定してくれる授業でした。このクラスは英語で行われる授業のため、私にとっては随分と敷居が高く、自分を試すクラスでした。授業内容は、自分が帰国子女であることから感じる心理的な部分を理論的に学ぶことができ、毎回のクラスが発見でした。そして、こうすれば自分の言語に自信がもてるようになるのではないかという希望が見えてくるような気持ちになりました。担当の先生も帰国子女であったことから、先生の語る経験談で自分の辛かった気持ちが浄化されるような気持ちでした。次第に私も先生のような人になりたいと思うようになりました。

　その後、留学後のボランティアの経験から、スペイン語を話す在日日系人の子どもの言語をどう教育していけるのかということに焦点を定め、教職員課程の授業を履修してスペイン語の教職員免許を取得しました。そして、スペイン語だけではなく、日本語も教えられるようにと、日本語教育を専門とする大学院に進みました。

## 12. 帰国子女に固執する大学院時代

　大学院では、自分のような複数の国や言語を行き交う人を対象とした研究論文を読みあさる毎日でした。年少者日本語教育という分野は、自分が帰国子女であることを認めてくれる世界でした。つまり、自分が帰国子女であることが注目される世界でした。自分が帰国子女であることを全面的に肯定してくれ、特別扱いしてくれる社会だったのかもしれないとも思います。しかし、研究を進めることで、私は論文や研究書に書かれてある帰国子女と、私が異なることを次第に意識するようになりました。そして、年少者日本語教育で研究対象となる人たちがうらやましくなるようになりました。見た目が異なり、言語も操れる人。私は彼らを本物だと思い、自分を本物じゃないと思いました。そのことで、私は研究対象となるような「帰国子女」であることを固持することにいつしか必死になっていました。帰国子女であることを求められ、帰国子女でもある自分の一面のみを常に発信していかなければならないと考えていました。これは、周りの環境のニーズに自分が応えなければならないと感じていたからなのかもしれません。一方で、この頃の私は、自分に自信がないことに自信をもっていたようにも思います。「私は自分に自信がありません」——この言葉は、自分が困ったときに提示する切り札、いわば秘密兵器のように考えていたのかもしれません。そう言いさえすれば、誰かに許してもらえたり、同情してもらえたり、励ましてもらえたりしますから。それに甘んじることで、その先を考えず、発展することもなく、すべてを強制終了していたのかもしれません。今思えばその日々をもったいなかったと思っています。でも、そういう時期も私には必要だったのです。

　この頃は研究に没頭する日々でした。しかし、その理由もまた、

自分自身の問題から目をそらしていたかっただけなのかもしれません。もしくは、私が研究に没頭し、社会問題に一生懸命貢献することで、自分自身が抱えている問題も解決できるような気がしていたのかもしれません。しかし、実際はそうではありませんでした。自分自身の問題も解決できていなければ、研究課題の問題もまた、全く解決できていませんでした。研究で浮かび上がってくる問題は、当時の私には解決できるだけの地位も、経験も、実績もなく、どんなに一人で頑張ったところで解決できるものではなかったのです。その限界に気づく頃、私はそろそろ今の自分とちゃんと向き合わなければならないと考えるようになりました。自分の足でしっかりと立たなければと思いました。そして、私は修士を出て、日本語教師になります。

## 13. 過去のステレオタイプからの脱却（アメリカへ）

　日本語教師になってから1年、私は単身でアメリカへ行くことを決意しました。所属していた大学の提携校であるアメリカの大学で日本語教師を募集していたからでした。発展途上国で育った私は、正直アメリカという国に苦手意識がありました。みんなが憧れるであろう国だからということもありました。でも、それこそ、私が勝手につくりあげた固定概念であり、そういう考えでいること自体どうなのだろうかと考えるようになりました。どうせ嫌うなら、その国で実際に住んでみて、働いてみてからでもいいのではないかと思いました。また、自分で働いてお金を稼ぎ、自分の力で生活し、自分で全てを判断することで、他者に尽くす生活から一旦離れ、自分自身を見つめられる機会になるのではないかと思いました。

　実際にアメリカで働いてわかったのが、今までの自分の先入観は

やはり間違っていたということでした。結局は、どの国であろうが、どの社会であろうが、どの文化であろうが、目の前にいる人との関係を良好に築いていていけるかどうかで決まるのだと思いました。一方で、私は家族と離れ、家族の大切さも学びました。私自身の家族への愛情にも気づくと同時に、家族からの愛情にも気づくことができました。

## 14. 家族との関係性の変化

反抗期以降、家族と穏やかに接することができるときもあれば、どうしても耐えられないときもありました。そうやって常に家族との関係を調整する日々が続きました。そして、自分と向き合う日々が続きました。自分を責める自分と、自分を認めてあげたい自分との葛藤も続いていきました。この葛藤は、なお今現在でも続いています。しかし、ようやく「私が家族に愛されたかった」という昔から抱いてきたその一方的な思いこみを客観的に捉えられるようになりました。日本語教師となり、目の前にいる学生にどんな教育ができるかを日々精進する中で、学生だけではなく色々な人と出会いました。その中で、自分というものは両親から愛されていなかったらもっと自分は間違った形で人と接する人間であったのではないかと感じるようになりました。このような思考をもち、物事を捉えられていること自体が両親から愛情を受けてきた証なのだと感じるようになったのです。愛されていないと決めつけていたのは、これもまた私自身なのでした。さまざまな人との出会いとさまざまな異文化体験から、自分はしっかりと両親に見守られ、成長してきたのだということにやっと気づけるようになりました。

なおちゃんは今、知的障がい者通所更生施設に通っています。も

う同じところに12年通っています。平日は朝9時にバスで迎えが来て、夕方4時半に帰ってきます。なおちゃんはその生活がとても、とても、充実しているようです。土曜日は大体ホリデーという障がい者を支える施設に行っています。一日中家にいるのは、日曜日か祝日、お盆と年末年始くらいです。なおちゃんは以前よりも笑顔が増えましたし、私が高校生だった頃経験したような状態にはならなくなりました。驚くべきことは、前は人ごみが大の苦手だったなおちゃんが、今では笑顔で私たちと一緒に出かけることです。知っている場所では、にこにこしながら私たちと手をつないで歩きます。私たち家族は、以前のなおちゃんを知っているため、この見違える変化に驚くばかりです。今こうしてなおちゃんが笑顔で社会に参加する姿を見て本当にうれしく思います。何よりもなおちゃん自身がだいぶ楽になったのではないかと思っています。なおちゃんがこのように情緒が安定するようになった理由は、なおちゃんにしかわからないと思いますが、今通っている施設がとてもいいこと（職員の方に恵まれていること）、家族だけではないなおちゃん自身の社会がしっかりとあることが大きいと思います。その他の理由としては、家族と一緒に過ごす時間を確保していることだと思います。私たち家族はなるべくなおちゃんと一緒に散歩をするようにしています。そして、一緒に外で出かけるようにしています。家族が色々なことを経て、各々の問題を乗り越え、穏やかに過ごしていることが大きな意味をもっているのではないかと思っています。私は仕事で忙しい毎日を送っていますが、休日を家族と一緒に過ごすことを楽しみにしています。今では、ずっと苦しんできたのは自分だけでなく、父、母、姉、なおちゃんでもあったのだとわかるようになりました。いいえ、私なんかより、両親の方がもっともっと苦しんだのでしょう。姉だって、姉として辛い思いをたくさんしてきたのでしょう。

今はそのことを胸が痛くなるほど感じるようになりました。

## 15. 今、私が思うこと

　以上、私は帰国子女であることと障がい者の姉をもつことにおいて自分が葛藤し、向き合ってきた日々をお話ししてきましたが、それぞれには次のような過程があったように思います。「気づく→隠す→カミングアウトする→調整する」です。まずは、帰国子女であることと、障がい者の姉をもつこと、そういった自分の特殊性に気づくのが最初の時期でした。その後、特殊性を隠そうとする時期が各々ありました。帰国子女であることは高校時代に、障がい者の姉をもつことは小学校から高校時代にでした。その反動か、今度はその特殊性をカミングアウトする時期に突入します。帰国子女であることも、障がい者の姉をもつことも、大学から大学院の頃までよく人に話しましたし、自分の頭には常にそのことがありました。しかし、この「隠す」時期と「カミングアウトする」時期と、どちらの段階を経ても、自分の中ですっきりすることはできませんでした。両者は相反することであり、偏り過ぎて不安定だったからでしょう。その葛藤の日々を経て、やっと自分なりに調整することができるようになってきたのかもしれません。今の私は帰国子女であること、障がい者の姉妹であることを隠しもしませんし、反対に固執することもありません。今回お話ししてきた児童期から青年期にかけての葛藤を乗り越え、私は私であり、帰国子女であることも、障がい者の姉妹であることも、私の一部分にすぎないということがわかりました。ただ、ここではっきりと申し上げておきたいのが、今の私がハッピーエンドの状態であるわけではないということです。今の私もたくさんの悩みがあります。今後もまた、帰国子女であることや、

障がい者の姉妹であること、もしくはその他の要素に向き合いながら私は揺れ動いていくのでしょう。

　この私が進んだ過程には、いつもその過程における「社会」があり、「人」がいました。「社会」と「人」が自分と向き合う機会をもたらしてくれました。私は、いつも自分に起こる出来事や、その場にいたときの状況、社会に正面から向き合ってきたと思います。その中で、さまざまな人に出会い、関わり、影響を受けてきました。そのプロセスの中で、自分が気づかないうちに、社会や私自身を見るフィルターが変容していき、分厚く色掛かったフィルターが研ぎ出され、フィルターがより社会や人と直結するものになっていったのかもしれません。それを、「乗り越えた」という言葉に落とすことができるのかもしれません。

　そんな私が私にしかできないこと。それは、障がい者と健常者、外国人と日本人そういった二項対立の狭間で苦しんでいる人の気持ちがわかることだと思っています。いえ、その人にならなければ気持ちはわかりませんので、わかろうと努めることができるという表現の方が正しいでしょう。また、マイノリティを感じてきたからこそ、相手を非難するのではなく、人と人をつなげようとする意識が働くのだと思います。社会が「見た目に問題を抱えた人」に対して理解を示していないということと同時に、社会が「見た目ではないことに問題を抱えている人」に対しても理解を示していない部分があるのではないかと思います。私はそれを自らの経験でもって公表し、誰かの力になれればと思います。偏見は、その人を知ろうと思う気持ちで変えられると信じています。私もまだまだ偏見を気づかないうちに抱いており、誰かを知らないうちに傷つけているかもしれません。でも、その先の個人を知ろうと思えることとそうでないこと、その境界線が教育現場でも大きな分岐点となると考えていま

す。多様性を固定概念なく知ろうとし、受け止めていけること、先入観があっても、人との関わりを通して新しい意識を受け入れられること、そのような柔軟性のある人に私はなりたいです。すべての人に対して「普通」とは何か。本当は普通なんてない訳で、その個々の多様性を受け入れていく一人ひとりの意識改革が一番必要なのだと感じています。私自身も異文化の狭間で生きている人間として、どのような社会になっていくことがいいのか考え、アクションを起こせる人になりたいです。

　これは、私が私を振り返ったライフストーリーのほんの一部です。私の記憶をたどった子どもの頃からの出来事と気持ちをかいつまんでお話ししただけですので、独りよがりもいいところです。実際はまた異なる背景があり、ここではお話ししきれないたくさんのドラマもあります。また、私だけではなく、私の母や父、姉のライフストーリーであったなら、私と同じ出来事を経験してきたとしても、また違った視点で語られたものになるでしょう。私は、いつか、それぞれのライフストーリーについて家族で話をすることができたらと思います。私が当時そうするしか術がなかった言動やそのときの気持ちを家族にわかってもらいたいです。そして、家族が当時そうするしか術がなかった言動やそのときの気持ちを私は知りたいです。そのときの家族の思いを温かく受け止めることができる日を楽しみにしています。そうしたら、私にとってそれが新たな発見となり、ここで綴った内容をまた塗り替えることができるでしょう。そして、家族とさらにわかり合うことができるのでしょう。私は、私自身の経験から、すべては受け止めることから自分が、人が、社会が変わるのだと信じています。

第 2 部 偏見低減の
理論と方法

# 4 偏見低減のための理論と可能性

**浅井暢子**

## はじめに

 日常生活の中で、我々は「私たち」という言葉をどのぐらい使っているだろうか。また、「ウチの大学の人」のように、他者をウチとソトに分けることはどのぐらいあるだろうか。人は、他者を「私たち・ウチ（内集団）」のメンバーか、「あの人たち・ソト（外集団）」のメンバーかに分類して認識しがちである。このウチとソトに分ける心理的傾向は、偏見が形作られる重要な心理的基礎であるとともに、偏見の低減方略を考えるうえでのカギとなっている。本章では、この視点に沿って、偏見の心理的背景を概説した後に、偏見の低減方略に関する社会心理学の理論を紹介する。また、専門用語の定義や実証的な研究事例についても紹介していく。第1章の内容と重複する部分も多いが、それらは重要な事柄として捉えてほしい。

## 1. 偏見の形成

 偏見とは、何だろうか。偏見に関する研究の第一人者であるオルポートは、「ある集団に所属している人が、単にその集団に所属しているとか、またその集団のもっている望ましくない特質をもっていると思われるとかいう理由だけで、その人に対して向けられる嫌悪や敵意ある態度」と定義している（Allport, 1954）。また、ハー

ディングら（Harding, Proshansky, Kutner & Chein, 1969）は、偏見を「ある外集団及びその成員に対する否定的な態度」と述べ、認知、感情、行動の３つの成分をもつものと位置づけている。彼らのいう、偏見の認知成分とは、「○○人は算数が不得意」といった、特定の社会集団やカテゴリーに対する知識や信念である。これらの知識や信念は、多くの場合、人々が心の中に作り上げた社会的カテゴリーに対するイメージで、過度に単純化されていたり、誇張されており、ステレオタイプと呼ばれる。このステレオタイプに、否定的評価や感情（感情成分）が加わると「○○人は頭が悪くて、役に立たない」という偏見の核が構築されることになる。その結果、「○○人を仲間はずれにしよう」といった差別意識、すなわち差別行動を人々に行わせる心理的準備状態が作られる。このような心の状態にあることを「偏見がある」とか、「偏見をもつ」と呼ぶ。

　それでは、我々は、なぜ、自分とは異なる集団（外集団）に所属する人々に偏見を抱くのであろうか。古典的な理論では、内集団と外集団の直接的で、現実的な葛藤や対立が、相手への敵意や偏見を生みだすとされてきた（現実的葛藤理論：Sherif, 1966）。第１章で紹介されているシェリフらによるサマーキャンプ実験からもわかるように、集団間の葛藤は、互いへの偏見の形成に重要な役割を担っている（e.g., Sherif, Harvey, White, Good & Sherif, 1961）。しかし、多くの人が内省によって感じることができるように、所属集団と葛藤状態にない外集団に対しても、否定的な印象が抱かれることも多い。極端な事例をあげれば、集団間の接触が全くない集団、すなわちお互いに会ったこともない人々に、偏見を抱くということもある。この問題を考えるうえで重要となるのは、「カテゴリー化」と呼ばれる心理的過程である。カテゴリー化は、人が何かを知覚する際に生じる働きであるが、ここでは人を対象とした場合を取り上げて説明しよう。

## 1.1 カテゴリー化の効果

我々は、人を性別、民族性、年齢などの何らかの社会的属性や特徴に基づいて分類し、対象を個人というよりも「女性」「外国人」「高齢者」の一員として「まとめて捉える」ことがある。この心理的過程が「社会的カテゴリー化」である。

日常生活の中で、我々は多くの人と出会うが、相手とうまく接するためには、その人がどういう人か、どう接したら良いのかを素早く判断し、対人行動を調節しなければならない。しかし、人間の情報処理能力には限界がある。ひとりひとりの人がもつ多様な属性や特徴を全て精査したり、一度に多数の人々の情報を把握することは困難である。そこで、人は、特定の特徴に着目して人を「カテゴリー化」することで、対人情報を単純化したり、整理し、情報処理（対象人物の把握や対処）にかかる認知的負荷や時間を節約しているのである。

図4-1を数秒見た後で、どのような顔があったかを思い出してみてほしい。個々の特徴がある程度、無視され、目立つ特徴（例：色の濃淡）で自動的にカテゴリー化されていることが体感できるだろう。人間がカテゴリー化される際には、視覚的な特徴、特に年齢や性別、人種が基準として用いられやすいことがわかっている（Horowitz & Horowitz, 1938）。また、自分の仲間（内集団）か、そうでないか（外集団）も、重要な特徴として他者認知に用いられる（e.g., Turner, Hogg, Oakes, Reicher & Wetherell, 1987）。

カテゴリー化がなされると、同じカテゴリーに属する人同士は実際以上に似ているかのように、逆に異なるカテゴリーに属する人はより異なっているかのように錯覚されることがわかっている（Tajifel & Wilkes, 1963）。前者はカテゴリー内の同化効果、後者はカテゴリー間の対比効果と呼ばれる現象である。カテゴリー化の効果

図4-1　カテゴリー化と認知

についてテイラーら（Taylor, Fiske, Etcoff & Ruderman, 1978）は、黒人3人と白人3人が討論するテープを、発言者の写真を示しながら参加者に聞かせるという実験を行っている。その後、参加者に、各発言が誰によるものであったかを尋ねると、同じ人種の別人を発言者と間違えるケース（例　発言者は黒人Aであるのに、黒人Bと回答）の方が、人種を越えて発言者を取り違えるケース（例　発言者は白人Dであるのに、黒人Aと回答）よりも多くなった。このように、我々は、他者を個人ではなく、特定のカテゴリーの一員として認識しがちであり、他のメンバーと取り違えてしまうほどに、同じカテゴリーに属する人々をまとめて認知している。その一方で、カテゴリー間の違いは、強調して認知されるのである。こうしたカテゴリー化の効

果は、「○○人は××な人ばかり」といった、集団や社会的カテゴリーへの誇張された画一的イメージを生み出し、偏見の芽となりうる、ステレオタイプの形成の基礎となっている。

## 1.2 内・外集団に対する認知の違い

　社会的カテゴリー化に、自分自身が所属する内集団と他者だけで構成される外集団の区別が加わると、「我々は彼らとは違う」という対比効果や「彼らは似たもの同士」という同化効果だけではなく、「我々の方がより優れている」との知覚が生まれることがよくある。「内集団ひいき」と呼ばれるこの現象は、外集団に対してステレオタイプを超えた、偏見が抱かれる重要な要因である。注目すべきは、内集団と外集団に対立がなくとも、取るに足りない基準に基づくカテゴリー化であろうとも、内集団ひいきが生じることだろう（Tajifel & Tuener, 1979, 1986; Brewer, 1979）。たとえば、写真の好みによる分類と説明したうえで、参加者を無作為にXタイプあるいはYタイプに振り分け、各タイプの人々について評価するように求めた実験では、内集団成員（同じタイプの他者）や外集団成員（異なるタイプの他者）と一切のやり取りが行わない場合でも、参加者は内集団成員をよりポジティブに評価することが示されている（Doise, Csepeli, Dann, Gouge, Larsen & Ostell, 1972）。また、タジフェルら（Tajfel, Billig, Bundy & Flament, 1971）は、類似した手続きでカテゴリー化を行った実験において、人々が外集団成員よりも、内集団成員に多くの報酬を分配することを明らかにしている。

　内・外集団へのカテゴリー化は、なぜ内集団ひいきを引き起こし、外集団への（相対的に）ネガティブな評価や差別的行動を生じさせるのだろうか。タジフェルとターナー（Tajifel & Turner, 1979, 1986）は、この現象の心理的背景を説明するために、社会的アイデンティ

ティ理論を提唱している。社会的アイデンティティとは、自分自身がどのような集団・カテゴリーに所属しているかという観点から形作られる、自己認識である。そのため、「自分は素晴らしい集団の一員だ」と考えることができれば、自分自身の評価も高くなったように感じ、肯定的な自己観を得ることができる。母校の運動部が活躍したと聞いて、自分のことのように自慢したり、なんだか自分への評価も高くなったように感じたことがある人もいるのではないだろうか。一般に、人は、なるべく肯定的な自己評価を確立・維持したいという、自己高揚動機をもっている。社会的アイデンティティ理論では、この動機の働きによって、自分の所属する集団を外集団よりも「優れている」と評価したり、外集団をより「劣った存在」として位置づけるという現象が生じると説明している。

## 2．偏見の低減

これまで述べてきたように、偏見は、人々が社会の中で適応的に生きていくために必要な機能（e.g., 社会的カテゴリー化、自己高揚動機）の副産物として、無意識的に、また自動的に生じると考えられる。特定の集団に対する偏見をなくすためには、こうして形成された偏見をいかに「低減」するかという視点が重要となるだろう。

偏見の低減というと、特定の集団や社会的カテゴリーに対する否定的な態度を肯定的な内容に変えることと考えてしまいがちである。しかし、それはだけでは不十分であろう。あなたが所属する集団について、誰かが「みんないい人だから好きだ」という態度をもっていると想像してほしい。肯定的な態度だといっても、勝手に決めつけないでほしいと思うのではないだろうか。また、いい人でいなくてはというプレッシャーを感じたりはしないだろうか。集団やカテ

ゴリーの中には、さまざまな人（いい人、悪い人、明るい人、暗い人……）がいるという、あたりまえの事実の認識を促すことも、偏見の低減、ひいては集団間の良好な関係構築にとって重要な要素と言える。それでは、どのような方法を用いれば、偏見を効果的に低減できるのだろうか。本節では、偏見低減に関する代表的な研究や理論を紹介し、この課題について考えていくことにしよう。

### 2.1 接触仮説

社会心理学の分野では、偏見を低減する方法として、相手との接触が重視されてきた。この接触仮説（Contact hypothesis: Allport, 1954）の基本的な考えは、偏見は無知や誤解に基づくものであり、接触を通じて相手集団の「実際の姿」を知ることで改善される、というものである。本書でも、ヒューマンライブラリーなど、多くの接触仮説の実践例が報告されているように、教育、政治政策などの多くの場面で、この仮説を取り入れた偏見低減の試みがなされている（第6章、第7章、第8章も参照）。

ここで誤解してはいけないのは、偏見の対象と接触しさえすれば、偏見が低減されるというわけではない点である。このことを明確に示した研究のひとつが、第1章でも紹介されている、シェリフら（1961）のサマーキャンプ実験である。重要な研究であるため、本章でも詳しく説明しておこう。この実験は、サマーキャンプに参加した少年たちを二つの集団に分け、集団間関係の変化を観察するというものであった。互いの集団の存在を知らされないまま、キャンプ生活を送り始めた少年たちは、しだいに仲間意識を芽生えさせていった。しばらくして、隣接するキャンプ地にもうひとつの集団がいることが知らされると、それだけで少年たちはウチとソトの意識を高め、相手に敵対心を抱くようになった。さらに、両集団を綱引

きなどの競技で競わせ、勝者に賞が与えられるような状況が設定されると、集団間の敵対心は高まり、攻撃行動までが表れた。少年たちが見せた態度や行動は、内・外集団へのカテゴリー化や現実的な集団間葛藤が偏見を生じさせること示している。その後、シェリフらは、集団間関係を改善する試みとして、両集団で一緒に食事や花火などをする機会を設けるのだが、互いに罵倒したり、攻撃しあう結果となってしまう。集団間の単なる接触は、かえって対立を助長したのである。それでは、どのようにすれば偏見は低減できるのであろうか。シェリフらは、最終的に両集団を良好な関係に導くことに成功している。彼らが用いた方法は、両集団が協力しなければ達成できない目標（上位目標）を設けることであった。たとえば、ぬかるみにはまった食糧輸送用のトラックを助け出すことができれば食料を得られるが、助けるためには両集団が協力しなければならないというような状況が何回か設定された。つまり、単に接触するだけでは不十分で、共通目標の追求を伴う接触機会が設けられて、はじめて偏見や敵意が低下し、集団を超えた友人関係の構築が促されたのである。この実験の結果は、偏見の低減に有効な特性をもった接触が存在することを示している。

### 2.2 効果的な接触の条件

接触仮説に関する多くの研究は、接触が偏見低減効果をもつためには、いくつかの条件を備えている必要があると指摘している（Pettigrew, 1971; Hewstone & Brown, 1986 などを参照）。なかでも、①対等な地位、②共通する目標、③集団間接触に対する社会的および制度的支持、④親密な接触（十分な頻度と期間）などは、重要な条件と考えられている（Allport, 1954; Brown, 1995; Cook, 1985）。各条件の内容を簡単に説明していこう。

第1の条件は、集団間接触が、対等な立場で行われることである。一方が命令し、他方が従うような関係や地位の上下が存在する場合には、集団間の偏見や敵意が生まれやすい (Brown, 1995)。また、集団内で同じような地位にある者同士が、対等に接触すると互いの類似性を見出したり、親近感をもつことで、効果的に偏見が是正されると考えられている。

　第2に、シェリフら (1961) が実験に導入したような、集団が互いに協力しなければ達成できない共通する目標を与えることも重要な条件である。たとえば、多人種で構成されたスポーツチームが勝利に向かって努力する場合などが良い例だろう (e.g., Chu & Griffey, 1985)。上位目標をもつと、従来の内集団と外集団の枠組みではなく、外集団も含めた新たな内集団意識が形成されるため、元々の外集団に対する偏見は低減すると考えられる。

　第3の社会的・制度的支持とは、たとえば1954年にアメリカの最高裁で下された、公立学校における黒人と白人の分離教育を憲法違反とする判断のように、集団間の接触を促し、そうすることを支持する法律や制度、社会的規範などの枠組みを指す。また、人種差別禁止法のように、差別的な行動を抑制し、相手と肯定的に接触することを支持する制度なども重要とされている。こういった社会的支持には、偏見をもち、差別行動をしてきた人々の価値観を変える効果が期待できる。なぜならば、社会的支持は、偏見や差別は容認できるものではなく、相手と共に社会生活を送るべきなのだという、強いメッセージを人々に発するためである。さらに、法律や制度に合わせて行動しているうちに、行動が習慣化したり、行動に合った態度が形成されるという効果もあるといわれている (認知的不協和理論：Festinger, 1957; 自己知覚理論：Bem, 1972)。

　最後にあげた、親密な接触 (十分な接触頻度と期間) という条件は、

直観的にも理解しやすいであろう。外集団成員との親密で豊富な接触は、相手と外集団に関する正確で豊富な情報を得ることに繋がる。そうして、ステレオタイプや偏見が誤解であることに気づいたり、お互いの類似性を発見して共感や好意を抱くようになる（類似性－魅力仮説：Byrne, 1971）ことで、偏見の低減が導かれると予測される。

これまで述べてきたように、接触仮説に関する研究は、偏見を低減するための条件を明らかにしてきた。ただし、なぜ偏見が低減するのか、どの条件が必須なのか、いつどのように接触すればよいのかといった問題については、接触仮説において深く議論されていない。また、個人間、あるいは少数の人々の間で、いくら良好な接触が生じても、互いの集団に対する態度が変化しない事例（e.g., De Vries, Edwards & Slavin, 1978）も認められるが、接触仮説からはこのような現象が説明できない。そのため、現在は、外集団への偏見低減をもたらす認知的なメカニズムに着目したアプローチが盛んに試みられるようになっている。

## 2.3 カテゴリー化の変容と偏見の低減

内集団と外集団へのカテゴリー化が、内集団ひいきなどの認知バイアスを引き起こし、偏見や差別行動の元となることはすでに紹介したとおりである。ただし、人々はさまざまな集団やカテゴリーに所属しており、どのような基準で内・外集団を分けるのかは、状況によっても変化する（自己カテゴリー化理論：Turnerら, 1987）。そこで、接触状況において適切なカテゴリー化を促すことが、集団認知を好ましいものに変化させるであろう、という理論的予測から検討が進められ、複数の偏見低減モデルが提唱されるに至った。ここでは、代表的な3つのモデルを紹介し、効果的な集団間接触を実現するためにはどのような工夫が必要かを議論する。

## (1) 脱カテゴリー化 (Decategorization)

　接触状況において、自分と相手の所属集団の違いに注目が集まると、「○○集団のメンバーだから××だろう」、という期待をもちやすくなったり、期待に一致するところばかりに注目して、「ああ、やっぱり」とステレオタイプや偏見が強まりやすくなると考えられる（確証バイアス ; e.g., Cohen, 1981）。そこで、ブリューワーとミラー (Brewer & Miller, 1984) は、偏見やステレオタイプの低減には、集団や社会的カテゴリーを離れた個人的存在として外集団成員とかかわること、すなわち個人と個人として接触することが重要だとする、脱カテゴリー化モデルを提唱した。このような「個人化された (Personalization)」接触状況では、カテゴリーに基づく判断や情報処理が抑制され、相手の個人的な特徴に注意が向きやすくなる。接触が繰り返されれば、ステレオタイプや偏見と合わない面を外集団成員たちがもっていることにも気づくようになるだろう。こうして、カテゴリーに基づいた判断が、相手を知るための有効な認知方略ではないことが学習されると、直接接触した相手だけではなく、その他の外集団成員に対しても、カテゴリーを離れた接触や認知が促されると考えられる。また、未知の外集団に対しても、カテゴリー化が抑制されることも期待される。つまり、人々にとって、内集団と外集団の間に、カテゴリーという線を引く意味がなくなり、内集団成員も、外集団成員も、同じように「個人」として認識されるようになるのである。この「脱カテゴリー化」状態に至ることで、偏見やステレオタイプが外集団成員に向けられることはなくなると、脱カテゴリー化モデルは予測している。

　ただし、このモデルには、いくつかの疑問や問題がある。第一に、接触相手から偏見やステレオタイプを覆すような情報を得ても、例外的な人物（サブタイプ : Subtype）として処理されてしまい、集団全

体への態度が変化しない可能性があるという点である（Hewstone & Brown, 1986）。実際、ウェーバーとクロッカー（Weber & Crocker, 1983）やジョンストンとヒューストン（Johnston & Hewstone, 1992）は、反ステレオタイプ的特徴をもつ外集団成員は、非典型的な成員と判断されやすく、集団イメージから切り離されることを実験から明らかにしている。更なる問題点としては、外集団成員との個人的接触によって得た知識が、外集団に関する情報（例：偏見・ステレオタイプ反証事例、集団成員の多様性を示す事例）として処理されるためには、少なくとも接触相手が外集団成員だと気づかれなくてはならないということである。つまり、完全に個人化された接触は、外集団に対する認知に影響を与えないとも考えられる。これは、脱カテゴリー化モデルにとっては、まさに逆説的な問題であり、その解消法を考える必要があるだろう。また第三に、脱カテゴリー化状態に至り、社会的カテゴリー化がなされなくなると、社会的アイデンティティの喪失という弊害も起こりうることにも着目しなければならない（Hewstone & Brown, 1986）。

(2) 再カテゴリー化（Recategorization）

ガートナーら（Gaertner, Dovidio, Anastasio, Bachman, & Rust 1993）は、ブリューワーとミラー（1984：脱カテゴリー化モデル）と同様に、内集団と外集団へのカテゴリー化が偏見やステレオタイプを生むことに注目した偏見低減モデルを提唱している。しかし、彼らは、脱カテゴリー化のように、カテゴリー自体をなくすのではなく、接触を通じて、内集団（we）と外集団（them）の両者を同じカテゴリー、すなわち、より大きな上位カテゴリー（us）の仲間として認識させる、再カテゴリー化というプロセスが重要だと指摘している。外集団成員を仲間と認識した場合には、カテゴリー化に基づく認知的バ

イアスが抑制され、偏見やステレオタイプが低減することは想像に難くない。シェリフら（1961）のサマーキャンプ実験では、当初、対立していた2集団が、共通する目標をもって共同作業にあたると、偏見や敵意が低減したが、これは両集団の成員の間で仲間意識、つまり内集団と外集団を内包する内集団意識（共通内集団アイデンティティ：Common in-group identity）が芽生えたためと考えられる。再カテゴリー化に関する実験研究では、新たなカテゴリーを生成することで、内集団と外集団の再カテゴリー化を促す事例（e.g., Gaertner, Mann, Dovidio, Murrell & Pomare, 1990; Gaertnerら, 1993）が主であったが、現実社会を見ると集団や社会的カテゴリーはすでに階層性をもっていることが多い。たとえば、日本人と中国人というカテゴリーの上層には、アジア人というカテゴリーが存在する。再カテゴリー化を利用して偏見の低減を試みる際には、すでに人々の頭の中に存在する包括的なカテゴリーをいかに活性化するかがポイントとなるだろう。

　以上のように、再カテゴリー化という方略は、偏見の低減に有効と考えられるが、問題点もある。まず、人種や性別などの目立つ特徴によるカテゴリー化は完全な抑制が困難であり、こういった集団への偏見低減に再カテゴリー化方略を用いるのは難しい（Hewstone & Brown, 1986）。また、再カテゴリー化が達成されたとしても、内集団の肥大化によって、社会的アイデンティティが曖昧化してしまう可能性がある。「日本人である私」が自分に与えてくれる情報や意味と、「地球人としての私」というものが与えてくれるものを比較すると、内集団の肥大化が自己概念に与える影響を理解しやすいだろう。否定的な心理的影響が出ないように、適切なレベルでの再カテゴリー化を考える必要がある。これらに加えて、もうひとつ重要なポイントがある。再カテゴリー化された状況では、脱カテゴ

リー化状況と同様に、外集団の成員を「外集団の成員」として意識したうえで接触するわけではない。そのため、接触から得た知識は、その他の外集団成員に一般化されず、集団への態度自体は変化しない可能性がある。上位カテゴリーが目立たなくなり、再びもとの内・外集団という枠組みが使われるようになれば、偏見はそのままの形で外集団に向けられることになってしまうと考えられる。ただし、再カテゴリー化状態が長期に維持できさえすれば、外集団成員に偏見が向けられることはなく、彼らについて新たな偏見が形成されることもない。再カテゴリー化方略の実践にあたっては、このような問題点と利点を考慮することが重要である。

### (3) カテゴリー顕現化（Salient categorization）

ヒューストンとブラウン（1986）は、脱カテゴリー化や再カテゴリー化とは正反対に、外集団の一員と認識したうえで相手と接触させることこそが、偏見の低減をもたらすという、偏見低減モデルを提唱している。接触相手を外集団成員として意識した場合、「こういう人もあの集団にはいるのだな」、「○○集団のAさんがいい人だったから、○○集団にはいい人が多いのかもしれない」と、相手から得た知識や印象が集団全体に一般化されやすくなるため、偏見の解消が期待できるというのが、彼らの主張である。このモデルは、偏見低減の鍵として、内・外集団カテゴリーの顕現化を重視していることから、カテゴリー顕現化（Salient categorization）モデルと呼ばれる（Petigrew, 1998）。

ただし、どのような接触でも、偏見低減が期待できるわけではない。接触によってネガティブな印象が抱かれた場合には、それが集団全体に一般化され、偏見が強化される可能性もある。したがって、接触経験は、ポジティブなものでなければならないだろう。また、

接触相手が典型的な外集団成員として認識されていなければ、その人物は特別な事例としてサブタイプ化され、集団全体への態度は変化しないと考えられる (Hewstone & Brown, 1986; Rothbert & John, 1985)。ワイルダー (Wilder, 1984) が行った実験の結果は、これらの知見を支持している。実験では、2つの大学の学生が交流したが、その際、相手である外集団成員の典型性（ステレオタイプに一致するか否か）と接触のポジティブさ（快か、不快か）が操作された。その結果、典型的な外集団成員とポジティブな接触を経験した場合にのみ、外集団への態度が好意的に変化することが明らかとなった。

内・外集団カテゴリーの顕現性を高めることは、低くしたり、なくすことよりも容易であるため、この偏見低減方略の実行可能性は、一見、高いように感じられる。しかし、カテゴリーが顕現化された状態で、外集団成員とのポジティブな接触を経験させるのは、困難な課題と言える。なぜなら、外集団成員だと意識したうえでの接触は、相手への不安を喚起しやすいためである。こういった不安は、緊張や恐れを伴うネガティブな接触経験をもたらす可能性が高い。また、不安は、人の情報処理能力を制限し、ステレオタイプ的な対人判断を引き起こすと指摘されている (Stephan & Stephan, 1985)。これらは、カテゴリーを顕現化したうえでの外集団成員との接触が、偏見を強めてしまうかもしれないことを示している。

(4) 段階モデル

ここまで、代表的な偏見低減モデルを解説してきたが、それぞれには一長一短がある。より効果的に偏見を低減するには、どのようにこれらのモデルを利用していけばよいのだろうか。この問題に対してペティグリュー (1998) は、3つのモデルを接触の進展に応じて使い分けるという段階モデルを提案している（図4-2）。彼の主張

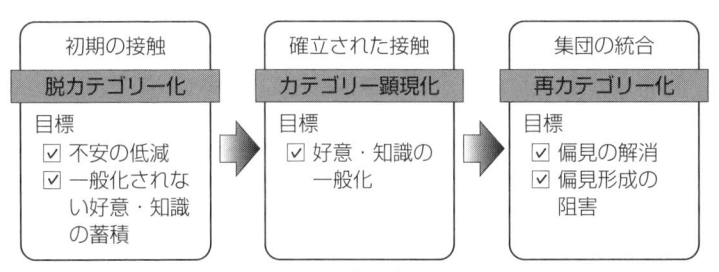

```
┌─────────────────┐   ┌─────────────────┐   ┌─────────────────┐
│   初期の接触    │   │  確立された接触  │   │   集団の統合    │
│ 脱カテゴリー化  │ ⇒ │ カテゴリー顕現化 │ ⇒ │ 再カテゴリー化  │
│ 目標            │   │ 目標            │   │ 目標            │
│ ☑ 不安の低減    │   │ ☑ 好意・知識の  │   │ ☑ 偏見の解消    │
│ ☑ 一般化されな  │   │   一般化        │   │ ☑ 偏見形成の    │
│   い好意・知識  │   │                 │   │   阻害          │
│   の蓄積        │   │                 │   │                 │
└─────────────────┘   └─────────────────┘   └─────────────────┘
```

図 4-2　Pettigrew（1998）の段階モデル
（Pettigrew、1998 の図 2 の一部を抜粋、改変）

は、接触の初期には、個人として外集団成員と接触（脱カテゴリー化）させることで、一般化されない相手への好意や知識の蓄積、接触への不安感の軽減を十分に進め、その後、カテゴリーを意識したうえでの接触（カテゴリー顕現化）の段階へと移行させ、接触で得た好意や知識の集団全体への一般化を図るというプロセスである。そして、接触の最終段階で達成すべき課題として、we 意識の育成、つまり、再カテゴリー化したうえでの接触を図り、偏見の解消とその再形成を抑制することを掲げている。段階モデルは、実証されてはいないが、理論的には、偏見低減に有効な方略と考えられている。以下では、この試みを成功に導くためのアイディアを考えてみよう。

接触の初期には、個人と個人として外集団成員と接触する必要がある。たとえば、相手の個人的特徴や印象に注目させるなどの手法を用いれば、その人物を外集団の一員と認識しにくくさせることができるだろう（e.g., Bettencourt, Brewer, Croak & Miller, 1992）。そして、この段階では、相手の知らない個人的な情報を伝えるなどの自己開示が行われることも重要と思われる（Turner, Hewstone & Voci, 2007; Wright, Aron, McLaughlin-Volpe & Ropp, 1997）。自己開示は、相手への信頼や好意の表れとして解釈され、良好な対人関係の構築に繋がる（Berg & Archer, 1983; Collins & Miller, 1994）。また、相手からの自己開

示を引き出す効果もあるため、接触において豊富な情報を得ること に役立つと考えられる（自己開示の返報性：e.g., Archer, 1979; Cozby, 1973)。さらに個人的な情報を語る際には、「特定の集団の一員とし ての自分」ではなく、「個人としての自分」の内面に認知的焦点が あてられることになる。このような状況では、カテゴリーに基づく 情報処理が抑制されやすくなる（Tajifel & Tuener, 1979; Turnerら, 1987)。個人化された接触を促すという意味でも、自己開示が有効 であることが示唆される。接触の初期に、深い自己開示が行われる ことを望むのは難しいだろうが、接触時に、「自分自身のことを話 す」というフレームを与えることは重要と考える。

接触の第二段階では、カテゴリーを明確化して、外集団成員の情 報を更に得ることが課題となる。第一段階とは逆に、カテゴリーに 関連した自己の側面について語るというのは、その方法のひとつと 言える。その際には、偏見に関連した内容が語られるかもしれない が、なるべく不安などの否定的感情が喚起されないように、ルール や文脈をうまく設定し、接触体験がネガティブなものにならないよ うに配慮すべきである。たとえば、6章から8章にわたって偏見解消 の試みとして紹介されているヒューマンライブラリーは、こういった 配慮がなされた接触の良い例である。偏見の対象となっている人の 話を聞く場という設定は、完全に自由な接触をする場合と比べて、 話し手と聞き手に適度な距離感を与え、両者の間の緊張感や不安を 緩和すると考えられる。ヒューマンライブラリー自体は、接触の初 期からカテゴリーを明確化することで偏見低減を試みるものではあ るが、そこで示される知見は段階モデルの実践を考えるうえでも、 さまざまなアイディアを与えてくれると期待できる。なお、この接触 の第二段階では、なるべく多くの外集団成員と接触し、集団成員の 多様性を認識することも真の偏見の解消には必要と思われる。

最終段階の「we 意識」の育成に関しては、オルポート（1954）やシェリフら（1961）をはじめとする多くの研究がすでに示しているように、内集団と外集団に共通した目標を与えるという方法が有効であろう。たとえば、アロンソンら（Aronson, Blaney, Stephan, Sikes & Snapp, 1978）は、ジグソー学習という協同学習法を試みている。彼らは、複数の人種の児童にひとつの課題を分担して学習させた。つまり、自分の担当した部分以外は、他の人から教えてもらわなければ、課題を完成できないという状況設定を与えたのである。このような学習状況で子供たちは、次第に自分の意見を出すなど、積極的に協力して学習を進めていくようになった。そして、最終的には、人種間の偏見が低減し、友好的な関係が結ばれるようになった。効果的に we 意識を育成するためには、具体的な協力が必要で、かつ達成に向けて進んでいることが実感できるような目標を設定することが有効だと考える。

　偏見低減の段階モデルの実践に向けたアイディアを述べてきたが、このモデルに沿って接触の質を変化させていくには、接触の調整役、ルール・環境の設定役、そして時には相談役として、第三者の介入が不可欠であろう。しかし、「完全な第三者」を介入させることは簡単なことではない。日本人学生と留学生の接触を考えた場合、接触の調整役は日本人教員が務めることが多いと考えられるが、教員は公正な第三者として認識されるのだろうか。留学生が、教員を「日本人学生」の仲間として認識して、自分たちを公正に扱ってくれないかもしれない、と感じたとすれば、学生間の接触をうまくコントロールすることはできない。公正な第三者として認められるためには、少なくとも、偏見をもつ側ともたれている側の両者から、信頼を得なければならいだろうし、ある程度の権威も必要となる。また、接触にうまく介入するための条件は、どのような集団・カテ

ゴリー間の接触であるかによっても変わるだろう。こうした条件を満たした第三者の存在が、より良い集団間接触の喚起、ひいては偏見の低減のカギとなると考える。

(5) 間接的接触モデル

最後に、偏見の低減方略に関して、近年注目されている、「間接的接触仮説 (Indirect-contact hypothesis)」あるいは「拡張接触仮説 (Extended contact hypothesis)」と呼ばれる新たな知見についても、簡単に触れておこう。これは、内集団成員に外集団に所属する友人がいると「知ること」、両者が友好的に接触する様子を「見聞きすること」の有効性を指摘したものである (e.g., Wright, Aron, McLaughlin-Volpe& Ropp, 1997; Turnerら, 2007)。「友人の友人」の存在が、相手への偏見低減に影響を与えるという、この知見は、集団間の直接的な接触が困難な状況（例 分離的居住環境）にあっても、集団を超えた良好な関係を形成しうることを示唆している。

間接的接触は、なぜ偏見低減に効果的なのだろうか。カギとなる、代表的な3つの要因を概説していこう。第一に、外集団に所属する友人について話をする時には、多くの場合、「○○大学に通っている友達なんだけど……」というように、どういった集団やカテゴリーに所属している人物の情報かが明示されることがあげられる。つまり、会話から得られた情報は、外集団に関するものとして認識されやすく、外集団への態度やイメージを修正する効果が高いと予測される。第二に、相手集団に対する不安や恐れは、偏見を増強するといわれているが、間接接触では、直接的接触よりも、こういった否定的感情が経験される度合いが弱いことも重要である。不安が低い状況であれば、人は、相手から得た情報を先入観にとらわれずに、詳しく処理し、自分がもっている態度やイメージに反映させる

ことができる (Stephan & Stephan, 1985)。このことからも、間接的接触で得た情報は、外集団への態度やイメージに反映されやすいと考えられるのである。最後の要因は、人々が、内集団成員から見聞きした情報に基づいて、集団間の友情体験を仮想経験(代理的友情経験)したり、内集団成員と外集団成員の関係性のあり方を学習しているという点である (Bandura, 1977)。間接的接触によってこういった経験が繰り返されると、外集団の人々と関係を構築することへの不安が低減したり、彼らと友人関係を結ぶべきだという規範が知覚されるようになる (e.g., Turner, Hewstone, Voci & Vonofakou, 2008)。こうして、外集団成員を偏見の対象から、潜在的な友人として認識するようになることで、偏見が改善されると考えられる。

もちろん、外集団成員との直接的な接触が、外集団に関する詳細な情報を得るために重要なことはいうまでもない。しかし、偏見を抱いている相手と接触する時には、多かれ少なかれ、不安や恐れ、どうしたらよいのだろうという迷いを抱きがちであり、互いにうまく話ができる関係を構築するまでには時間が必要であろう。間接的接触を事前に重ねて、集団間の関係構築に対する不安を取り除いたり、集団を超えた友情の確立可能性の認識を促すことは、より効果的な偏見低減をもたらすために重要と考えられる。

間接的接触の効果に関する研究は、現在、盛んに行われており、偏見の低減過程が徐々に明らかになっている。前述したもの以外にも、偏見低減にかかわる重要な要因がいくつか指摘されている。また、外集団成員とのポジティブな接触を「想像」することにも、偏見を低減する効果があるとする、「仮想集団間接触仮説 (imagined intergroup contact hypothesis)」が提唱されるなど、接触仮説から派生した新たな知見も示されている (e.g., Crisp & Turner, 2009)。こうした新たな知見を活かし、偏見の低減方略を工夫していくことで、

社会における偏見は解消されると期待したい。

## おわりに

これまで述べてきたように、社会心理学の領域では、偏見の形成と低減に関する研究が広く行われ、多くの理論やモデルが提唱されてきた。次の課題は、これらをいかに実践するかを考え、実際に試み、その効果を検証していくことだろう。たとえば、どのようにすれば、現実の集団間接触においてカテゴリー化（脱カテゴリー化・カテゴリー顕現化・再カテゴリー化）をコントロールできるのかを考えていかなければならない。本章では、いくつかのアイディアを提示したが、より良い方法を求めていくことが必要だろう。

また、近年では、インターネットや携帯電話を利用した、非対面接触が盛んに行われるようになっている。音声コミュニケーション、メール、チャット、ブログ、Twitter など、その方法とスタイルは多岐にわたる。こういった、新しい接触環境を考慮したうえで、現代社会に合った、そして更に有効な偏見低減方略を考案することも重要と考える。

本章では、「偏見をもっている側」に焦点を当てて議論してきた。しかし、偏見低減モデルに沿った集団間接触は、偏見の対象になっている人々の、「偏見をもつ側」に対する先入観を低減することにも貢献できるだろう。たとえば、「周りの人は自分たちを理解できないのではないか」とか、「自分たちは、彼らとは違う」といった先入観である。「偏見をもつ側」と「偏見をもたれる側」の互いに対する誤解が修正されることで、集団を超えたより良い対人関係の構築が導かれると考える。

## 【引用文献】

Allport, G. W. (1954) *The nature of prejudice*, Cambridge, MA: Addison-Wesley(原谷達夫・野村昭訳(1968)『偏見の心理』培風館)

Archer, R. L. (1979) "Role of personality and the social situation." In G. J. Chelune (Ed.) *Self-disclosure: Origins, patterns, and implications of openness in interpersonal relationships* (28-58), San Francisco: Jossey-Bass

Aronson, E., Blaney, N., Stephin, C., Sikes, J., & Snapp, M. (1978) *The jigsaw classroom*, Beverly Hills, CA: Sage Publishing Company

Berg, J. H., & Archer, R. L. (1983) "The disclosure-liking relationship." *Human Communication Research*, 10, 269-281.

Bem, D. J. (1972) "Self-Perception Theory." In L. Berkowitz (Ed.) *Advances in Experimental Social Psychology* (Vol. 6, 1-62), New York: Academic Press

Bettencourt, B. A., Brewer, M., Croak, M. R., & Miller, N. (1992) "Cooperation and the reduction of intergroup bias: The role of reward structure and task orientation." *Journal of Experimental Social Psychology*, 28, 301-319

Brewer, M. B. (1979) "In-group bias in the minimal intergroup situation: A cognitive-motivational analysis." *Psychological Bulletin*, 86, 307-324.

Brewer, M. B. & Miller, N. (1984) "Beyond the contact hypothesis: theoretical perspectives on desegregation." In N. Miller & M. B. Brewer (eds.) *Groups in contact: The psychology of desegregation* (281-302), New York: Academic Press

Brown, R. (1995) *Prejudice: Its Social Psychology*, Cambridge, MA: Blackwell Publishers(橋口捷久・黒川正流(1999)『偏見の社会心理』北大路書房)

Byrne, D. (1971) *The Attraction Paradigm*, New York: Academic Press

Chu, D. & Griffey, D. (1985) "The contact theory of racial integration: The case of sport." *Sociology of Sport Journal*, 2, 323-333

Cohen, C. E. (1981) "Person categories and social perception: Testing some boundary conditions of the processing effects of prior knowledge." *Journal of Personality and Social Psychology*, 40, 441-452

Collins, N. L., & Miller, L. C. (1994) "Self-disclosure and liking: A meta-analytic review." *Psychological Bulletin*, 116, 457-475

Cook, S. W. (1985) "Experimenting On Social Issues: The Case of School Desegregation." *American Psychologist*, 40, 452-460

Cozby, P. C. (1973) "Self-disclosure: A literature review." *Psychological Bulletin*, 79, 73-91

Crisp, R. J., & Turner, R. N. (2009) "Can imagined interactions produce positive perceptions? Reducing prejudice through simulated social contact." *American Psychologist*, 64, 231-240

DeVries, D. L., Edwards, K. J., & Slavin, R. E. (1979) "Biracial learning teams and race relations in the classroom: Four field experiments on Teams-Games-Tournaments." *Journal of Educational Psychology*, 70, 356-362

Doise, W., Csepeli, G., Dann, H. D., Gouge, C., Larsen, K., & Ostell (1972) "An experimental investigation into the formation of intergroup representations." *European Journal of Social Psychology*, 2, 202-204

Festinger, L. (1957) *A theory of cognitive dissonance*, Stanford, CA: Stanford University Press

Gaertner, S. L., Dovidio, J. F., Anastasio, P. A., Bachman, B. A., & Rust, M. C. (1993) "The common ingroup identity model: Recategorization and the reduction of intergroup bias." In W. Stroebe & M. Hewstone (Eds.), *European Review of social Psychology*, Vol. 4, 1-26

Gaertner, S. L., Mann, J. A., Dovidio, J. F., Murrell, A. J., & Pomare, M. (1990) "How does cooperation reduce intergroup bias?" *Journal of Personality and Social Psychology*, 59, 692-704

Harding, J., Proshansky, H., Kutner, B., & Chein, I. (1969) "Prejudice and ethnic relations." In G. Lindzey & E. Aronson (Eds.) *Handbook of social psychology: Vol. 5* (2nd ed., 1021-1061), Reading, MA: AddisonWesley

Hewstone, M. & Brown, R. J. (1986) *Contact and conflict in intergroup encounters*, Oxford: Basil Blackwell.

- Horowitz, L., & Horowitz, R. E. (1938) "Development of social attitudes in children." *Sociometry*, 301-339
- Johnston. L., & Hewstone, M. (1992) "Cognitive models of stereotype change: (3) Subtyping and the perceived typicality of disconfirming group members." *Journal of Experimental Social Psychology*, 28, 360-386
- Pettigrew, T. F. (1971) *Racially separate or together?* New York: McGraw-Hill
- Pettigrew, T. F. (1998) "Intergroup contact theory." *Annual Review of Psychology*, 49, 65-85
- Rothbart, M., & John, O. (1985) "Social categorization and behavioral episodes: A cognitive analysis of the effects of intergroup contact." *Journal of Social Issues*, 41, 81-104
- Sherif, M. (1966) *Group Conflict and Co-operation: Their social psychology*, London: Routledge and Kegan Paul
- Sherif, M., Harvey, O. J., White, B. J., Hood, W. R., & Sherif, C. W. (1961) *Intergroup conflict and cooperation: the Robbers Cave experiment*, Norman: University of Oklahoma Book Exchange.
- Stephan, W. G., & Stephan, C. (1985) "Intergroup anxiety." *Journal of Social Issues*, 41, 157-175
- Tajfel, H., & Turner, J. (1979) "An Integrative Theory of Intergroup Conflict." In W. G. Austin & S. Worschel (eds.) *The Social Psychology of Intergroup Relations* (33-47), Pacific Grove, CA: Brooks/Cole Publishing
- Tajfel, H., & Turner, J. C. (1986) "The social identity theory of intergroup behavior." In S. Worchel & W. Austin (Eds.) *The social psychology of intergroup behavior* (7-24), Chicago: Nelson-Hall
- Tajfel, H., Billig, M., Bundy, R. P., & Flament, C. (1971) "Social categorization and intergroup behaviour." *European Journal of Social Psychology*, 1, 149-178
- Tajfel. H., & Wilkes. A. L. (1963) "Classification and quantitative judgement." *British Journal of Psychology*, 54. 101-114
- Taylor, S. E., Fiske, S., Etcoff, N., & Ruderman, A. (1978) "Categorical and

contextual bases of person memory and stereotyping." *Journal of Personality and Social Psychology*, 36, 778-793

Turner, J. C., Hogg, M. A., Oakes, P. J., Reicher, S., & Wetherell, M. (1987) *Rediscovering the social group: A self-categorization theory*, Oxford, England: Blackwell(蘭千壽・磯崎三喜年・内藤哲雄・遠藤由美訳(1995)『社会集団の再発見——自己カテゴリー化理論——』誠信書房)

Turner, R. N., Hewstone, M., & Voci, A. (2007) "Reducing explicit and implicit outgroup prejudice via direct and extended contact: The mediating role of self-disclosure and intergroup anxiety." *Journal of Personality and Social Psychology*, 93, 369-388

Turner, R. N., Hewstone, M., Voci, A., Paolini, S., & Christ, O. (2007) "Reducing prejudice via direct and extended cross-group friendship." *European Review of Social Psychology*, 18, 212-255

Turner, R. N., Hewstone, M., Voci, A., & Vonofakou, C. (2008) "A test of the extended intergroup contact hypothesis: The mediating role of intergroup anxiety, perceived ingroup and outgroup norms, and inclusion of the outgroup in the self." *Journal of Personality and Social Psychology*, 95, 843-860

Weber, R., & Crocker, J. (1983) "Cognitive processes in the revision of stereotypic beliefs." *Journal of Personality and Social Psychology*, 45, 961-977

Wilder, D. A. (1984) "Intergroup contact: The typical member and the exception to the rule." *Journal of Experimental Social Psychology*, 20, 177-194

Wright, S. C., Aron, A., McLaughlin-Volpe, T., & Ropp, S. A. (1997) "The extended contact effect: Knowledge of cross-group friendships and prejudice." *Journal of Personality and Social Psychology*, 73, 73-90

# 5 大学における偏見低減のための教育実習とその効果
**加賀美常美代・守谷智美・村越彩・岡村佳代・黄美蘭・冨田裕香**

## はじめに

お茶の水女子大学文教育学部の授業科目の「多文化間交流論」（日本人学生と留学生の交流授業）では、20XX年前期に第一著者が担当する大学院比較社会文化学専攻のある実習科目として、村越彩・岡村佳代・黄美蘭・冨田裕香の4名の教育実習生（以下、実習生）が教育実習を行った。

この多文化間交流論の授業が目指す究極の教育目標は、留学生と日本人学生が大学キャンパス内の教育・交流の場で対等な立場で関わることで、多様性を認め尊重し合い、グローバル社会で自然な形で対人レベルのコミュニケーションができるようにすることである（加賀美, 2006a; 2006b）。そのための実践として、この授業では、異文化間コミュニケーションの教育内容を知識レベルで扱うばかりでなく、参加型授業、協働的グループ活動、留学生と日本人学生の交流、コミュニケーション・スキルの向上、文化差・年齢差・学部を越えた人間関係づくりの場の提供など、さまざまな要素を取り入れながら、多文化背景をもつ学生同士のよりよい人間関係構築を目指している。

15コマから構成される授業計画については、前半は、異文化間コミュニケーション、多文化間交流に関連するトピックについて講義をしたあと、グループ（ペア）や全体で自由に討論を行い、後半

はグループ編成をし、共同プロジェクトワークとレポート作成を課すというものである（加賀美, 2006a）。

## 1．偏見と差別の教育実習授業の目的と概要

　本稿では、実習生が担当した「偏見と差別」のトピック（2コマ分）の教育実習授業（以下、実習授業）について取り上げたい。特に、1)「偏見と差別」の実習授業の内容はどのようなものか、2) その授業に参加することで学部の受講生（以下、受講生）がどのような学びを得たか、3) 実習生はどのような学びがあったか、の3点について検討することを目的とする。授業参加者である受講生は、日本人学生20名、留学生13名の合計33名である。受講生には、毎回授業の感想をコメントペーパーに書いてもらうことを課しているため、本稿では、受講生のコメントペーパーや実習生の振り返りを整理・分類し、質的に分析を行った。

　実習授業の1回目は、偏見の形成過程を知識として受講生に情報提供することを目的としている。内容は、カテゴリー化、ステレオタイプ、偏見に関する定義を説明し、その3つの概念について事例を挙げながら理解を深めることを主眼とした。2回目の授業は、偏見と差別の用語の違い、偏見から差別にどのように移行していくか、さらに差別は解消されるかどうかについて討論を行い、身近にある差別を意識化し、差別の解消について考えさせることを主眼とした。これらの2回の実習授業の前には模擬授業を実施し、実習生は第一著者、第二著者、ゼミ生からコメントや助言を受け、必要に応じて教案を修正した。

　本章では、まず、「カテゴリー化・ステレオタイプ・偏見」、「差別と差別解消」というテーマで実習生が担当した授業内容に対して

受講生がどのような学びや気づきを得たかを分析する。次に、2回の授業に参加した受講生は1回目と2回目ではどのように学びが変容したかを検討した。さらに、4名の実習生が本稿に際し再度、実習を振り返り、検討・整理した。最後に全体を簡単に要約した。

## 2．カテゴリー化・ステレオタイプ・偏見に関する実習授業（1回目）を通した受講生の学び

### 2.1　実習授業の内容

1回目の実習授業では、「カテゴリー化・ステレオタイプ・偏見」をテーマとし、①カテゴリー化、ステレオタイプ、偏見についての理解を深める、②カテゴリー化、ステレオタイプ、偏見を自分自身に引きつけて考える、という2点を目標に講義とグループワークを行った。実習授業の流れとしては、まず、講義においてカテゴリー化、ステレオタイプ、偏見に関する知識の獲得を目指すとともに、普段あまり意識されていないカテゴリー化、ステレオタイプ、偏見に対する学生自身の態度への気づきを促すようにした。その後、グループワークを通して、学生が社会に存在する偏見に気づき、偏見を助長する原因を話し合うことで、偏見低減へと考えを発展させて行くことを目指した。

まず、カテゴリー化については、上瀬（2002）を参考にして簡単なゲームを行い、カテゴリー化によって単純化され知覚されやすくなるということについて、受講生が体験的に理解することをねらいとした。次に、ステレオタイプについては、学生が自分自身に引きつけながらステレオタイプの概念や定義を理解できるように、エスニックジョークをクイズ形式で提示し、学生自身がもっているステレオタイプへの気づきを促した。さらに、偏見については、具体的

な例をいくつか挙げながら定義を説明した。その後、カテゴリー化に伴う固定化されたイメージであるステレオタイプ、過度のカテゴリー化やステレオタイプに基づいた態度である偏見というように、カテゴリー化、ステレオタイプ、偏見の関連性を示しながら講義をまとめた。

　以上のような講義の後、日本人学生・留学生混合の4、5名を1グループとし、グループワークを行った。グループワークでは、平成12年に実際にある警察署から地域住民に配布された、ピッキング窃盗団に対する注意喚起のための回覧[1]を題材として取り上げた。この回覧について疑問に思ったことや気づいたことを話し合い、回覧をステレオタイプや偏見を助長することがないような表現に書き直す活動を行った。最後にどこをどのように書き直したかを発表し合い、受講生全員で意見を共有した[2]。

## 2.2　受講生の学びはどのようなものか

　以上のような実習授業を通して、受講生はどのようなことに気づき、どのような学びを得たのだろうか。これを明らかにするために、実習授業後、受講生に実習授業を通して考えたり感じたりしたことをコメントペーパーに記述するよう求め、この回の出席者である日本人学生16名、留学生12名の合計28名分のコメントペーパーの内容をKJ法[3]（川喜田, 1967）で分析した。その結果、1回目の実習授業を通した受講生の学びや気づきは、図5-1のように、《知識の獲得》《社会的現状の認識と自己内省》《学びの活用意識》の3つの大きなカテゴリーにまとめられた。以下に典型例であるコメントを挙げながら、各カテゴリーを説明する。

第 5 章　大学における偏見低減のための教育実習とその効果

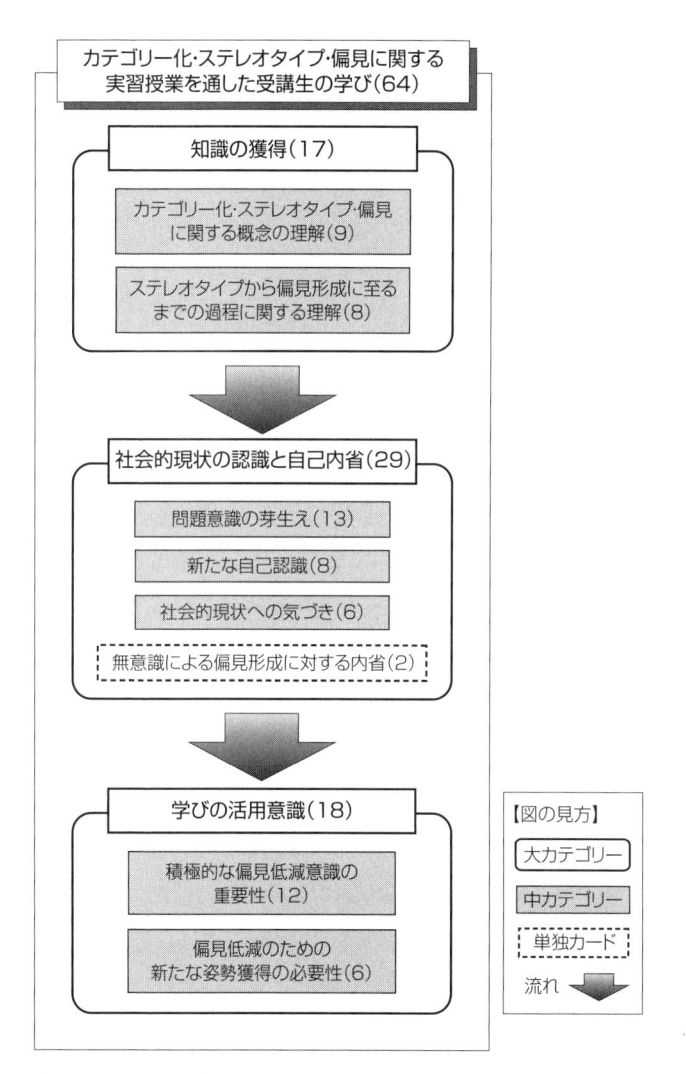

```
┌─────────────────────────────────────────────┐
│ カテゴリー化・ステレオタイプ・偏見に関する        │
│ 実習授業を通した受講生の学び(64)                │
│                                              │
│   ┌─── 知識の獲得(17) ───┐                    │
│   │                                          │
│   │  カテゴリー化・ステレオタイプ・偏見         │
│   │     に関する概念の理解(9)                 │
│   │                                          │
│   │  ステレオタイプから偏見形成に至る         │
│   │     までの過程に関する理解(8)            │
│   └──────────────────────┘                   │
│              ↓                                │
│   ┌─ 社会的現状の認識と自己内省(29) ─┐         │
│   │                                          │
│   │      問題意識の芽生え(13)                │
│   │      新たな自己認識(8)                   │
│   │      社会的現状への気づき(6)             │
│   │   ┄ 無意識による偏見形成に対する内省(2) ┄│
│   └──────────────────────┘                   │
│              ↓                                │
│   ┌─── 学びの活用意識(18) ───┐                │
│   │                                          │
│   │      積極的な偏見低減意識の              │
│   │         重要性(12)                       │
│   │      偏見低減のための                    │
│   │      新たな姿勢獲得の必要性(6)           │
│   └──────────────────────┘                   │
└─────────────────────────────────────────────┘
```

【図の見方】
- 大カテゴリー
- 中カテゴリー
- 単独カード（破線）
- 流れ ⬇

図 5-1　カテゴリー化・ステレオタイプ・偏見に関する実習授業を通した
受講生の学び

※（）内の数字はカテゴリー数を表す

129

## (1) 知識の獲得

　これは、カテゴリー化、ステレオタイプ、偏見、それぞれに関する知識を得たというものである。それぞれの言葉、概念の理解とともに、「カテゴリー化、ステレオタイプ、偏見という言葉は知っていましたが、それが今日初めて一本につながりました」など、カテゴリー化、ステレオタイプ、偏見の関係と偏見がどのように形成されていくのかについても理解したことが示された。

## (2) 社会的現状の認識と自己内省

　これは、実習授業を通して知識を獲得したことにより、偏見に関する社会的現状に意識を向けると同時に、自身をも省みるようになったというものである。「日本人は、外国人をひとくくりにして見る傾向があるので、一気にカテゴリー化されてしまうおそれがあると思いました」や「日本人だけが、外国人に対して偏見をもっているのではなくて、実は外国人も日本人に対して偏見があるのではないかと思います」というコメントからは、授業で取り上げた事例を日本人、外国人というカテゴリーを意識化したうえで現実問題として捉え直し、問題意識が芽生えていることが窺える。また、「ステレオタイプは教育、メディア、本など私達の身近なものを通して形づくられるのだと思います」というコメントには、身近な社会に存在するステレオタイプや偏見の形成源に対する気づきが見られた。

　このような社会的現状への関心の一方で、偏見に対する自身の姿勢を省みたというものも見られた。たとえば、「ステレオタイプ、偏見ということを考えると、自分もかなりそういう考え方、見方をもっていることがわかった。（グループワークで使用した回覧の内容である）ピッキングの話でも、自分的には"男性"を前提としていたことに気づいた。女性はそんなことをしないと思っているのも偏見だ

と思う」というコメントには、男女というカテゴリーを意識し、自身が性別に対するステレオタイプや偏見をもっていたことへの気づきが窺える。

このように、実習授業を通してカテゴリー化、ステレオタイプ、偏見に関する知識を獲得したことにより、社会的現状に意識を向けると同時に、自身がもつ偏見に気づき、新たな自己認識を得るという内省が行われていた。

(3) 学びの活用意識

これは、実習授業を通して得たものを今後どう活かしていくかということへ意識が向けられたというものである。「外国人の私は、一部の外国人に対するイメージをもっている人の考え方をどう変えていくかも課題」など、カテゴリー化して見ること、見られることを意識しながらも、そのカテゴリー化を抑制していくための配慮や努力の必要性に言及しているコメントが多く見られた。また、「世の中には、ステレオタイプを強化してしまうような表現が多数存在し、ある程度は仕方ないことだと思うので、むしろ情報を受け取る私達が客観的、批判的にものを見ることが必要だと思う」のように、カテゴリーから脱却し、さまざまな情報を総合的に判断する姿勢をもつことの重要性に気づいたことも窺える。このように、受講生は実習授業で学んだことに基づき今後の活用について考えを巡らしていた。

これら3つのカテゴリーからなる学びや気づきは、学習活動を通して得られた段階的なものであると考えられる。すなわち、受講生は、まず、カテゴリー化、ステレオタイプ、偏見についての講義により、それらに関する概念や偏見が形成される過程を理解し、新た

な知識を獲得した（《知識の獲得》）。次に、これらの知識を獲得したことにより、社会や自分自身について、これまで意識していなかったことに意識を向けながら、グループワークにおける偏見の事例を検討し、社会的な現状を認識することや、これまでの自分のステレオタイプや偏見に対する姿勢を省みることができた（《社会的現状の認識と自己内省》）。さらに、これらの社会的現状の認識や内省により、偏見低減のために今後自分自身がどのような姿勢で、どのように行動していくべきかという段階まで考えを発展させることができたのではないかと思われる（《学びの活用意識》）。

このように、多くの受講生が段階を経て《学びの活用意識》を獲得していることが示されたが、全ての受講生がその段階に至っていたわけではない。これは、実習授業のグループワークにおけるメンバーの関係性や議論の方向性の違い、また受講生個人のもつ生育環境や受けてきた教育、さらにこれまで培ってきた経験や知識など各受講生のもつ背景の違いによるものと考えられる。

しかしながら、カテゴリー化、ステレオタイプ、偏見に関する知識を獲得し、ステレオタイプや偏見に関して社会的現状や自分自身を見つめ直すことができたこと、また偏見低減の可能性やその方法について考えを巡らせたことなど、カテゴリー化、ステレオタイプ、偏見に関する実習授業を通して受講生に学びや気づきの機会を提供できたことは、偏見低減の第一歩となったと言えるだろう。

## 3．差別と差別解消に関する実習授業（2回目）を通した受講生の学び

### 3.1 実習授業の内容
2回目の実習授業では「差別と差別の解消を考える」をテーマと

し、①差別についての理解を深める、②事例を通して差別が起こる原因や差別形成の構造、差別する側とされる側の意識の違いについて考える、③グループで差別はなくせるか、なくせないかという議論を深め、差別問題をより身近なこととして捉える、という3点を目標に講義とグループワークを行った。

実習授業では、まず、1回目の実習授業の内容について簡単に振り返った後、差別の定義について講義を行った。それをイメージしやすくするために、女性差別と外国人差別を例として取り上げ、女子大学生が就職活動中に体験した事例と、外国人が日本で体験した事例を提示した。より身近な問題として捉えられるように、実習生が日本で体験した出来事も紹介した。次に、これまで例に挙げた女性差別や外国人差別について、何が差別にあたるのか、何がこれらの差別の原因となっているのかについて各グループで考え、発表し合った。また、女性差別の原因と外国人差別の原因として考えられるものについてスライドで確認し、さらに、教育や社会からの影響について考えられる要因にも触れた。その際、グループワークで受講生から出た意見を取り入れるようにした。その後、差別形成の構造や差別する側と差別される側の意識の違いについての講義を行い、多角的な視点から差別について考えることで、次の話し合いの導入とした。最後に、「私たちの社会では差別をなくすことができるか」というテーマを議題に、なくすことができる場合はどうしたら解消できるか、なくすことができない場合はなぜ解消できないのかについてグループで話し合い、発表し合った[4]。

## 3.2 受講生の学びはどのようなものか

以上のような2回目の実習授業を通して、受講生はどのようなことに気づき、どのような学びを得たのだろうか。2.2同様にこの回

第2部 偏見低減の理論と方法

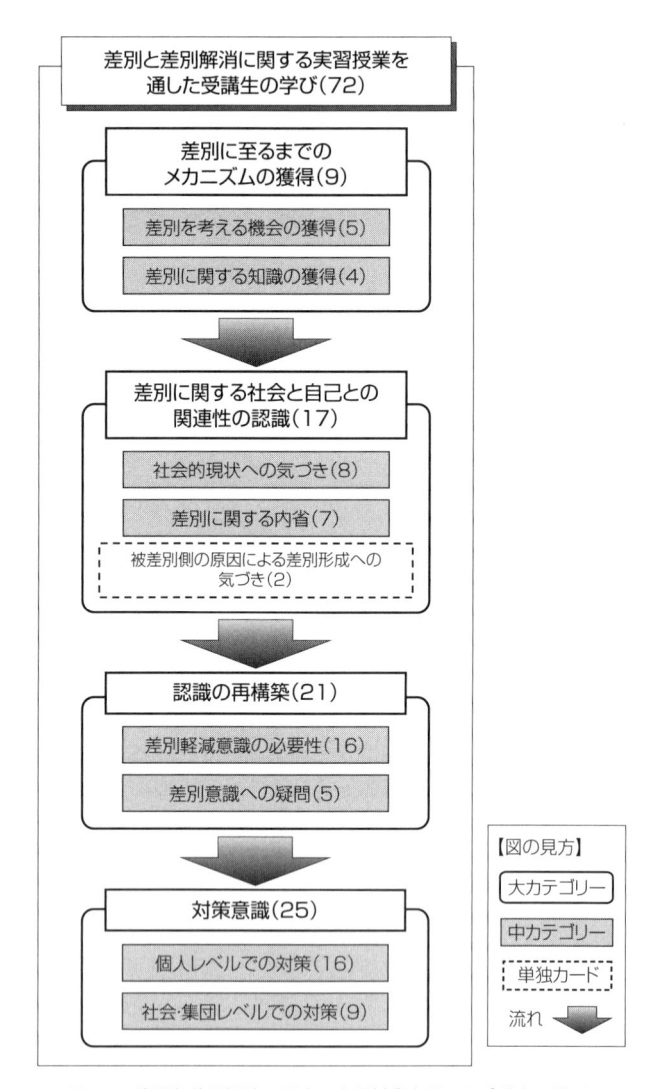

```
┌─────────────────────────────────────────┐
│ 差別と差別解消に関する実習授業を        │
│ 通した受講生の学び(72)                   │
└─────────────────────────────────────────┘

    ┌──────────────────────────┐
    │ 差別に至るまでの         │
    │ メカニズムの獲得(9)      │
    └──────────────────────────┘
        ┌──────────────────────┐
        │ 差別を考える機会の獲得(5) │
        └──────────────────────┘
        ┌──────────────────────┐
        │ 差別に関する知識の獲得(4) │
        └──────────────────────┘
                ↓
    ┌──────────────────────────┐
    │ 差別に関する社会と自己との│
    │ 関連性の認識(17)         │
    └──────────────────────────┘
        ┌──────────────────────┐
        │ 社会的現状への気づき(8) │
        └──────────────────────┘
        ┌──────────────────────┐
        │ 差別に関する内省(7)    │
        └──────────────────────┘
        ┌──────────────────────────────┐
        │ 被差別側の原因による差別形成への │
        │ 気づき(2)                     │
        └──────────────────────────────┘
                ↓
    ┌──────────────────────────┐
    │ 認識の再構築(21)         │
    └──────────────────────────┘
        ┌──────────────────────┐
        │ 差別軽減意識の必要性(16) │
        └──────────────────────┘
        ┌──────────────────────┐
        │ 差別意識への疑問(5)    │
        └──────────────────────┘
                ↓
    ┌──────────────────────────┐
    │ 対策意識(25)             │
    └──────────────────────────┘
        ┌──────────────────────┐
        │ 個人レベルでの対策(16) │
        └──────────────────────┘
        ┌──────────────────────┐
        │ 社会・集団レベルでの対策(9) │
        └──────────────────────┘
```

【図の見方】
- 大カテゴリー
- 中カテゴリー
- 単独カード
- 流れ

図5-2 差別と差別解消に関する実習授業を通した受講生の学び
※ ( ) 内の数字はカテゴリー数を表す

の出席者である日本人学生20名、留学生10名の合計30名分[5]のコメントペーパーの内容を分析した。その結果、差別と差別解消に関する実習授業による受講生の学びや気づきとして、図5-2のように、《差別に至るまでのメカニズムの獲得》《差別に関する社会と自己との関連性の認識》《認識の再構築》《対策意識》の4つのカテゴリーにまとめられた。

(1) 差別に至るまでのメカニズムの獲得

　これは、実習授業を通してカテゴリー化から差別に至るまでの過程や差別そのものについて学んだというものである。「ステレオタイプや偏見は無意識に起こるもので、気づかないうちにそれが差別となっているということが多くあると思います」のように、受講生は実習授業で取り上げた身近な事例を通して差別の形成過程や要因などの基礎知識を獲得していた。

(2) 差別に関する社会と自己との関連性の認識

　これは、カテゴリー化から差別に至るまでの過程や差別そのものなどの基礎知識を獲得したことにより、社会における差別の現状や差別に対する自分自身の姿勢を省みたというものである。「差別について今まで深く考えたことがなかったが、外国人だけではなく、性別、年齢、学歴などさまざまな点でいまの日本には存在している」のように、受講生はいまの日本社会に存在する身近な差別に気づくと同時に、「今日強く感じたことは、自分の発言には気をつけなければならないということでした。何気なく言ったことに差別的な意味が含まれていたということは誰にでも起こりうることだと思ったからです」のようにこれまで無意識に行ってきたことによって自身が差別する側になる可能性にも気づいたと考えられる。この

ように、受講生は差別についての基礎知識を獲得したことにより、社会と自己との双方に目を向けるようになったと考えられる。

(3) 認識の再構築

これは、社会に存在する差別を解消する必要性や現状における差別への疑問を強く感じたというものである。「差別の形成過程を考えてみると差別はなくせないように思います。しかし、自分のもつ偏見を固定化せず、ポジティブなものへと積極的に変える努力をすることは可能で、その結果差別の度合いや頻度を低くすることはできると思います」というコメントからは、社会に存在する差別をなくすことの難しさを認めたうえで、その軽減の可能性に目を向けるなど、現状の捉え直しを行った様子が窺える。また、差別意識の疑問については、「いろんな差別があるけど、悪いものばかりなのだろうかと思った。女性側の視点が多かったけど、男性側の言い分もあるのではないかと思った」など、差別のもつ構造的な二面性に気づいた様子も見られた。このように、受講生は実習授業を通して差別についての知識を学び、その知識を活用しながらグループ活動を行うことにより、現状を捉え直し、差別への新たな認識を構築したと考えられる。

(4) 対策意識

これは、既述の《認識の再構築》よりもさらに踏み出し、受講生が社会に存在する差別をなくすために「何ができるのか」という対策を考えたというものである。「差別はなくすことができないと言われているけれど、昔と比べれば日本でも外国人に対する差別は少なくなっていると思います。若い世代はそんなに差別意識をもっていないのではないか。そうだとしたら、やはり昔よりも、外国人と

の交流の機会がふえたことが原因だと思うので、お互いをわかり合うことが第一だと思います」のように、受講生が異文化間交流を1つの差別解消の具体的方策としてみなしている様子が窺えた。このように、差別解消に向け、個人レベル・社会レベルでできることを模索しようとする受講生の様子が見受けられた。

2.2同様、実習授業によるこれらの学びは、学習活動を通して得られた段階的なものであると考えられる。受講生は、まず、実習授業を通して普段はあまり意識していなかった差別という問題について考える機会を獲得し、カテゴリー化から差別に至るまでの知識を詳しく学んだ（《差別に至るまでのメカニズムの獲得》）。それらを学んだことにより、社会における身近な差別に気づいたり、差別した自分または差別された過去の自分を振り返ってみたりするなど、内省が行われた（《差別に関する社会と自己との関連性の認識》）。さらに、社会という大きな単位で差別を完全に解消することは困難だと認めながらも、個人の努力によって減らすことは可能であると気づいた（《認識の再構築》）。最後に、受講生はグループ討論を通して、社会に存在する差別をなくすために何ができるのかについてさまざまな視点から考えるようになった（《対策意識》）。

以上のことから、2回目の実習授業は、身近でありながらどこか自身とは切り離して考えがちな差別とその解消のための対策を考えるきっかけを受講生に提供したと言えよう。受講生個人の要因やグループ活動の影響等により、学んだ知識や気づきに多少の差異はあるものの、実習授業におけるグループワークを通して、さまざまな背景をもつ他者との対話を行う中で、差別に関する自身の認識が形成されたものと考えられる。このことは、受講生が今後も差別という問題を意識的に捉えるとともに、仮に自身がそのような問題に直

面することがあっても問題と向き合うための一助となるのではないかと考えられる。

## 4．2回の実習授業を通した受講生の学びの変容

2.2、3.2で述べたようなカテゴリー化・ステレオタイプ・偏見、差別に関する2回の実習授業に参加した25名の受講生は、1回目と2回目の実習授業でその学びをどのように変容させたのだろうか。

図5-1、図5-2から、各受講生の学びが最も進んだ段階であると考えられる図5-1の「学びの活用意識」及び図5-2の「対策意識」に着目すると、1回目の実習授業において《知識の獲得》から《社会的現状の認識と自己内省》に至る学びを得た群と、1回目の実習授業で《知識の獲得》から《社会的現状の認識と自己内省》《学びの活用意識》にまで至る学びを得た群では、2回目の実習でのコメントにおいて質的に異なる点が見られることが明らかとなった。2回の実習授業における受講生のこのような変容を図5-3にまとめ、タイプ別に説明を行う。

### 4.1　1回目の実習授業で《知識の獲得》から《社会的現状の認識と自己内省》に至った群

1回目の実習授業で《知識の獲得》から《社会的現状の認識と自己内省》に至る学びを得た群は、2回目の実習授業において以下の3つのタイプに分かれた。

(1)「認識・内省→認識」タイプ
これは、1回目の実習授業では《社会的現状の認識と自己内省》に至り、2回目の実習授業で同段階の学びである《差別に関する社

第5章　大学における偏見低減のための教育実習とその効果

**2回の実習授業を通した受講生の学びの変容**

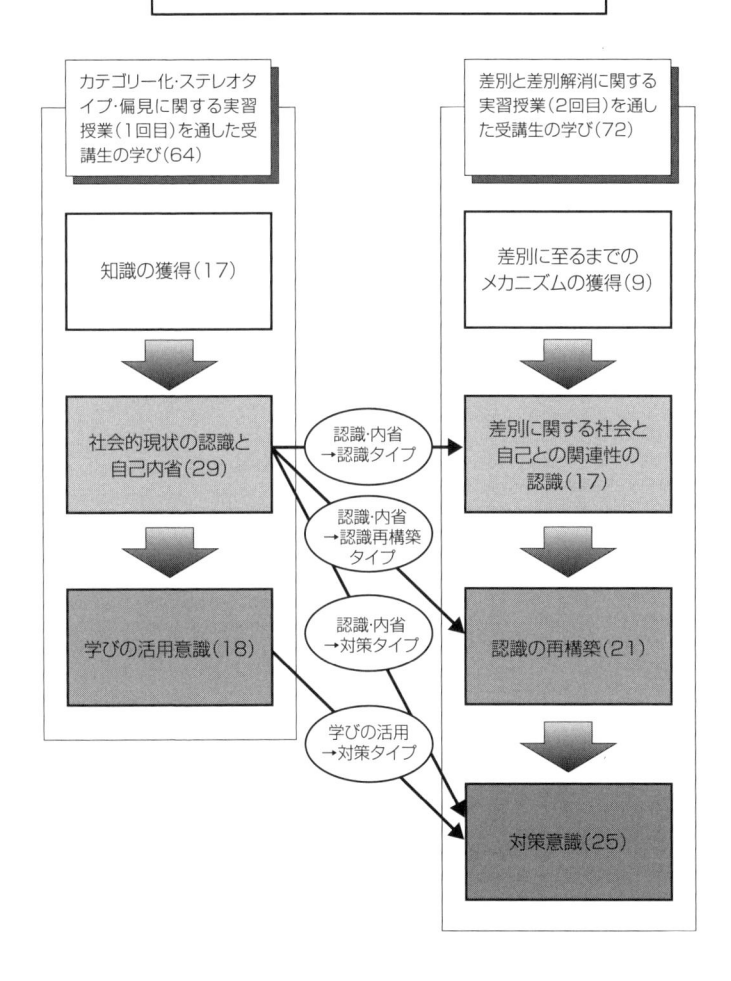

```
┌─ カテゴリー化・ステレオタ ─┐      ┌─ 差別と差別解消に関する ─┐
│ イプ・偏見に関する実習    │      │ 実習授業(2回目)を通し    │
│ 授業(1回目)を通した受    │      │ た受講生の学び(72)       │
│ 講生の学び(64)           │      │                          │
│                          │      │                          │
│  ┌──────────────┐      │      │   ┌──────────────┐       │
│  │ 知識の獲得(17)│      │      │   │ 差別に至るまでの│       │
│  └──────┬───────┘      │      │   │ メカニズムの獲得(9)│    │
│         ▼              │      │   └──────┬───────┘       │
│  ┌──────────────┐      │認識·内省│       ▼              │
│  │社会的現状の認識と│─────→認識タイプ→│差別に関する社会と│  │
│  │自己内省(29)   │       │      │   │自己との関連性の│       │
│  └──────┬───────┘       │認識·内省│   │認識(17)       │      │
│         │              │→認識再構築│   └──────┬───────┘     │
│         │              │ タイプ  │          ▼               │
│         │              │認識·内省│   ┌──────────────┐       │
│         │              │→対策タイプ→│ 認識の再構築(21)│      │
│         ▼              │      │   └──────┬───────┘        │
│  ┌──────────────┐      │学びの活用│       ▼               │
│  │学びの活用意識(18)│────→対策タイプ→│ 対策意識(25)  │      │
│  └──────────────┘      │      │   └──────────────┘       │
└──────────────────────┘      └──────────────────────┘
```

図 5-3　2 回の実習授業を通した受講生の学びの変容
※（ ）内の数字はカテゴリー数を表す

会と自己との関連性の認識》に言及したものである。

　たとえば、ある留学生の受講生は、1回目のコメントでは、「8年前の回覧を見たんですけど、かなりステレオタイプが書いてあってビックリしました」と、グループワークで扱った特定の国籍の外国人に対する偏見が含まれる回覧内容に対する驚きを記している。その後、2回目のコメントでは、外国人である自らが日本において自国の代表として見られる可能性について言及するともに、自らの差別をも省み、「私たち留学生は自分の国の代表として日本にいるわけです。何かしたら『××国の人』は××だと思われます。自分が差別したことも差別されたこともあると思いますが、差別される側のつらさをわかっていても、どこかで自分が差別してしまったこともあると反省しました」と述べている。

　このように、このタイプは、1回目の実習授業で外国人に関わるステレオタイプを知り、2回目の実習授業で同じ「外国人」という立場から自身が生活する日本社会における外国人への偏見に意識を向け、同時に差別する側としての認識を得て自己のこれまでの言動への内省を行っていた。

(2)「認識・内省→認識再構築」タイプ

　これは、1回目の実習授業では《社会的現状の認識と自己内省》に至り、2回目の実習授業では《認識の再構築》に及んだことを示したものである。

　たとえば、日本人受講生Xは、1回目のコメントで、「今日配られた回覧は、とてもびっくりするものでした。作成するときに、もう少し配慮できなかったのかなぁと思います。たぶん日本人は、外国人をひとくくりに見る傾向があるので、一気にカテゴリー化されてしまうおそれがあるとも思いました」と、日本社会におけるカテ

ゴリー化の現状への驚きを述べている。その後、2回目のコメントでは、「差別を完全になくすことはできないと思うけど、今後少しずつ減少していくのではないかという希望ももっている。最近は、外国人と接触、交流する機会が増えていたりと、昔のようなステレオタイプで固まった人は少しずつ減っている気がするので、今後に期待したいと思う」と、外国人との交流の増加による日本社会における外国人差別解消の可能性に言及している。

このように、このタイプは1回目の実習授業で外国人差別問題への気づきを得、2回目の実習授業では差別解消に向けた再認識と今後の展望への期待も述べていた。

(3)「認識・内省→対策」タイプ

これは、1回目の実習授業では《社会的現状への認識と自己内省》に至り、2回目の実習授業では、《対策意識》にまで言及したものである。

日本人受講生Yは、1回目の実習授業で外国人への偏見を含む回覧を読み、「平成12年の回覧を見て、冷静に考えてみたら、さまざまな問題点を含んでいるとすぐにわかるようなものが出回っていたという事実に驚いた。……きっとまだまだ日常生活の中でたくさんのステレオタイプがあるんだろうなと思った」と、身近なステレオタイプの存在への驚きをコメントで述べた。その後、2回目のコメントでは、偏見・偏見について「する側」「される側」の両サイドから捉え、文化的要因による外国人差別に対し、相互交流による解消の必要性について次のように言及している。「差別をする側は自分の偏見に気づかなかったり、差別される側は何に対して差別を受けているのかわからなかったりする。差別や偏見をなくすためにもお互いに深く関わり、コミュニケーションをとっていくことが大切

だと考えた。関わりをもつことで差別の内容に互いに気づき、理解を深め合うことが可能だと思うから。一度差別が起こると一般的に、差別する・される側の両者がかかわりを絶つ傾向にあるように思う。在日朝鮮人の例では同じ地域内で居住する中で、回覧板やゴミ捨て、町内会などで日本独自の文化的な要素が差別の一因になっているように思った。」

このように、このタイプは1回の実習授業で日本社会における外国人への偏見の存在に気づき、自己内省を行い、2回目の実習授業では差別解消のための対策の必要性にまで自ら意識を高めるに至っていた。

以上の3つのタイプでは、1回目の実習授業ではいずれも《知識の獲得》から《社会的現状への認識と自己内省》までの学びを得たが、2回目の実習授業では《差別に関する社会と自己との関連性の認識》に至ったタイプ、《認識の再構築》に至ったタイプ、《対策意識》に至ったタイプというように言及が分かれていた。これは、2.2、3.2でも述べたように、実習授業のグループワークにおける構成メンバーやメンバー間の関係性、グループ内での議論の内容や発展性、また受講生個人のもつ生育環境や受けてきた教育、経験、知識、人間関係における繊細さなどの背景に大きく影響されるものと考えられる。

## 4.2 1回目の実習授業で《知識の獲得》から《社会的現状への認識と自己内省》《学びの活用意識》に至った群

(1)「学びの活用→対策」タイプ

4.1で述べたような2回目の実習授業での言及が異なる3タイプ

に対し、1回目の実習授業でより上位段階であると考えられる《学びの活用意識》に至っていたタイプは、2回目の実習授業では《対策意識》に関わるコメントを行っていた。ここではこれを「学びの活用→対策タイプ」とした。たとえば、日本人受講生Ｚのコメントでは、1回目の実習授業で、「偏見や差別をなくしていくにはどうすればよいのか、その対策について考えてみたい。……身近なところにも偏見を生む土壌があるのではと気づかされた」と、すでに活用についての言及が見られた。それゆえ、2回目の実習授業でも、「（差別は）外国人だけではなく、性別、年齢、学歴などさまざまな点でいまの日本には存在しており……なくすべきであると思う。そのためにはステレオタイプ→偏見→差別の逆を考え『偏見をもたない、ステレオタイプをもたない』といったことがどうすればできるのかを考えてみたい」と、対策への言及を行っている。これは、このタイプに属する受講生が1回目の実習授業前までの時点ですでに何らかの差別や偏見に対する知識や経験から高い意識や人権感覚をもち合わせていたことによるのではないかと推測される。ここで受講生一人ひとりの背景まで含めて検討することはできないが、それらは大きな要因の１つであると考えられる。

　以上、偏見や差別を扱う実習授業における受講生の学びの変容を見てきた。冒頭でも述べたように、この教育実習は、留学生と日本人学生が対等の立場で関わることで相互の多様性を認め尊重し合い、対人レベルでのコミュニケーションを深めることを目標として掲げた多文化間交流論の授業の中で行われたものである。この教育実習において偏見や差別をテーマとして取り上げ、日本人学生・留学生が身近に存在する外国人差別などを事例にグループ内で対話を重ね、他者との協働による活動を行ったことは、この講義が目指す日本人

学生・留学生相互の多様性の尊重やコミュニケーションの深化の一助となり得ると考えられる。特に、グループ内に多様な経験をしている複数の日本人学生・留学生がおり、対等の立場で共に意見を交わすことによって、偏見や差別に関する問題意識が希薄であったり経験が少なかったりする受講生も活動を通して他者の経験を共有し、多様な考えに触れることで偏見や差別に関する認識を深め得る可能性がある。こうしたことが、前章でも述べられているような、脱カテゴリー化・カテゴリー顕在化・再カテゴリー化のような段階的な偏見低減化を可能にするものと考えられる。

## 5．偏見・差別の教育実習を通した実習生の振り返り

2から4までは実習授業を受けた受講生に焦点を当てて見てきたが、本節では観点を変え、実習生の立場から偏見・差別をテーマとした教育実習（以下、実習）を振り返る。実習準備にあたっては、実習授業で提示する事例を新聞記事などから探したが、その際、多文化クラスであるため、属性が特定される事例によって実習生の意図しないところで受講生が傷ついたり不快に感じたりしないように配慮が必要であると意識した。一方で、事例を提示することで受講生が偏見・差別というテーマをより身近なものとして感じ、受講生の内省を促すきっかけにできるように意図した。また、実習生同士や、第一著者や第二著者をはじめとしたゼミ内の実習協力者を交えた話し合いなどを通して、実習生自身もそれまでの偏見・差別に関わる自身の体験や認識を振り返る機会を得た。このように、受講生への配慮と実習生自身の内省という2つの視点をもつことで、実習授業で扱うべき課題が明確化し、実習生の意識が共有されていった。

実習を経て、実習生たちの語りからはそれまでよりも身近な差別

問題に敏感になり、自己の発言に対する責任を再確認したことが窺えた。また、自己の所属集団に対する他者の発言に対して客観的に捉えたり、集団全体ではなく個へ焦点を置くことの重要性を認識したりするなど、偏見・差別に対する新たな認識が芽生えた。このように、受講生は実習を通して向き合った偏見・差別というテーマに自身の日常生活の中で意識するようになったとともに、実習生は個別に認識の変化が見られた。

たとえば、社会人経験や留学経験がなかった実習生は、実習準備段階において、個人の被差別体験に関して提供できる材料が乏しいことを社会人経験や留学経験がないためだと考えていた。また、自分自身が差別され得る対象でもあることについては考えたことがなく、身の回りの差別的発言に対して違和感をもっていなかったことや、偏見や差別に関するニュースに対して関心が薄いことを自覚し、偏見や差別に対する自分の無関心さに気づいた。実習後はそれまでよりも偏見・差別に関する出来事の背景や、他者の差別的発言や行為の理由に関心をもつようになったことで、これらの話題にも根拠をもって関わることができるようになった。

海外滞在経験や教師経験のある実習生は、偏見・差別を扱った実習全体を通して異なる考え方や相手を受容することの重要性に気づき、それを日常生活で活用する意識をもつようになった。たとえば、実習準備で偏見や差別事例を選択する際、海外における同様の体験から、差別であるかどうかの判断に個人差があることに気づき、戸惑いもあり、対峙することを避けてきたが、実習後には多様な考え方が受容できるようになった。また、実習前には、主に出身国に基づいたステレオタイプや偏見を含んだ発言に対し、違和感を覚えたり、自身に向けられたものであれば傷ついたりすることもあったが、実習後はなぜその人がそのように発言したかについて考え、客観的

に認識できるようになった。一方で、自分の発言や態度に関してもそれを振り返り、今後留意する必要性を再認識した。

海外滞在経験や社会人経験のある実習生は、実習前までは、自身がさまざまな社会的場面においてマイノリティとしての一面をもつことを漠然と意識し、少し身構えていたようなところがあった。そのため、実習準備段階においては、社会における自分の立場を再考し、マジョリティとしての一面とマイノリティとしての一面をもつ自分の経験と実習で扱うテーマや事例を照らし合わせて考えることに多くの時間を費やした。また、自己の認識を実習生同士で話し合う機会も多かったため、自身がもっていた偏見や自身に向けられる可能性のある偏見をより客観的に捉え直すことができ、偏見や差別というものを多角的な視点から考えることができた。このような経緯から、実習後には偏見や差別に対し身構えずに対峙できるようになった。

留学生である実習生は、実習準備段階に入る前までは自身を日本で生活する一人の外国人としてしか捉えておらず、自分が日本社会では偏見や差別を受ける立場であることやマイノリティの立場にいることしか考えていなかった。しかし、実習生同士で実習授業の構成や内容についての話し合いを重ねるうちに、自身も偏見や差別を行う側にいる可能性があることに気づいた。また、マジョリティ・マイノリティの判断基準はひとつではないことから、自分もある側面においてはマジョリティであることを実感するようになった。このため、実習後は偏見・差別に対してより柔軟に考えるようになり、たとえ偏見や差別に直面しても、より冷静に対処できるようになった。

以上のように、実習生は実習を通して自身の偏見や差別に対する認識、また社会的立場を見つめ直し、実習前とは異なる新たな認識

を獲得していることが窺える。このような認識の変化は、実習準備から実習授業に至るまでの過程の中で、他者に自身の体験や考えを話したり、他者の経験や考えを聞いたりする機会をもつことによりさまざまな気づきを得て柔軟かつ客観的に自身を捉え直したことによるものと考えられる。

## おわりに──まとめ

本実習授業では、偏見と差別のメカニズムに関する知識や情報を与え、それらの概念を知り理解を深めることを通して、受講生たちの偏見低減を目指してきた。これは差別に関する関連情報への接触が好意的態度に積極的効果があるとする先行研究から示されているためである（Mason, Pratt, Patel, Greydanus and Tahya, 2004; 坂西・土井 , 2006 など）。

その結果、1 回目の実習授業では、受講生は実習授業を通して《知識の獲得》《社会的現状への認識と自己内省》《学びの活用意識》という学びを得たことが示された。一方で、全ての受講生が第 3 段階の《学びの活用意識》の獲得に至ってはいないことも窺えた。2 回目の授業では、差別の形成に関する知識を獲得し、グループ討論を重ねることにより、学んだ知識を活用しながら学生の中に差別解消のための対策意識が生じたことが示された。1 回目と 2 回目の実習授業を受講した受講生の学びの変容は、1 回目で《学びの活用意識》に至っていなかった群においても、何らかの認識の変化や再構築があり、さらに対策意識にまで学びが及んでいることが示された。このように、受講生たちはこの授業を通して偏見と差別のメカニズムを理解した結果、偏見と差別に関する自己と社会への認識を新たにし、日常的に差別があることを意識化できたものと考えられる。

さらに、受講生の学びは実習生の学びにも連動していた。当初は実習生がそれぞれ異なる体験や思いをこのテーマにもっていたが、実習後は自分なりの考えをもって偏見や差別のテーマと直面できるようになったという変化が見られた。また、実習生個人の変化についても実習前の個別の体験や意識によって個々の認識の捉え直しの違いも認められた。これは、実習準備から実習後に至るまでの実習関係者の協働作業や受講生との関わりにより、このテーマを掘り下げ、さらに、共通認識を培っていったことが実習生の認識や行動に影響を与えたものと示唆される。このように、偏見低減の実習授業は、受講生だけでなく実習生にも多様な学びをもたらしたと言える。

【注】
(1) 実習授業で使用するにあたり、もともと回覧に記載されていた警察署名や連絡先、特定の人種や国籍を連想させるような言葉は伏せたが、内容に関してはそのまま使用した。
(2) 1回目の実習授業のより詳しい内容については、岡村・酒井（2009）を参照のこと。
(3) KJ法は、自由記述やインタビューなどから得たデータを既成概念にとらわれることなく分類し、検討するのに有効な方法である（川喜田, 1967）。本研究ではこの方法に基づき、受講生の学びについて分析を行った。分析手順としては、受講生の感想を意味のまとまりごとに一行見出しとして抽出し、内容の類似性によりグループ化し、その最小単位を小カテゴリーとした。その後、これらの小カテゴリー同士を再度同様の手続きにより中カテゴリー、大カテゴリーにまとめる作業を行った。また、類似したものが見つからない場合は、無理にグループ化することは避けた。
(4) 2回目の実習授業のより詳しい内容については、黄・長戸（2009）を参照のこと。
(5) 分析の対象となる受講生の人数が1回目の実習授業と2回目の実習授業で異なっているのは、当日の授業出席者数によるものであり、コメントペー

パーを提出した受講生を対象としたためである。

【引用文献】

加賀美常美代（2006a）「大学における異文化間コミュニケーション教育と多文化間交流」高麗大学校日本学センター『日本研究』第6号、107-135

加賀美常美代（2006b）「教育的介入は多文化理解態度にどんな効果があるか：シミュレーション・ゲームと協働的活動の場合」異文化間教育学会『異文化間教育』第24号、76-91

上瀬由美子（2002）『ステレオタイプの社会心理学——偏見の解消に向けて——』サイエンス社

川喜田二郎（1967）『発想法　創造性開発のために』中公新書

黄美蘭・長戸裕香（2009）「実習記録・第2回目」『2008年度お茶の水女子大学大学院 異文化間コミュニケーション教育実習』お茶の水女子大学特別教育研究費事業　コミュニケーション・システムの開発によるリスク社会への対応（CSD）報告書、34-41

Mason, A., Pratt, H. D., Patel, D. E., Greydanus, D. E., and Tahya, K. Z. (2004) "Prejudice toward People with Disabilities." *The Psychology of Prejudice and Discrimination: Disability, religion, physique, and other traits*, 51-93

お茶の水女子大学大学院加賀美常美代研究室（2009）『2008年度お茶の水女子大学大学院　異文化間コミュニケーション教育実習』お茶の水女子大学特別教育研究費事業　コミュニケーション・システムの開発によるリスク社会への対応（CSD）報告書

岡村佳代・酒井彩（2009）「実習記録・第1回目」『2008年度お茶の水女子大学大学院 異文化間コミュニケーション教育実習報告書』お茶の水女子大学特別教育研究費事業　コミュニケーション・システムの開発によるリスク社会への対応（CSD）報告書、24-33

坂西友秀・土井容子（2006）「障害者関連情報への接触と介護体験が対障害者態度に及ぼす影響」『埼玉大学紀要』55（1）、99-118

# 6 ヒューマンライブラリーとは何か
## ――その背景と開催への誘い

**横田雅弘**

## はじめに

 2008年6月28日、朝日新聞朝刊に掲載された記事を目にした私は強い衝撃を受けた。その記事のタイトルは「生きている図書館～私たちを借りてみませんか？～」。2000年にデンマークで始まったヒューマンライブラリー（Human Library、旧呼称はリビングライブラリー Living Library）[1] をおそらく日本で初めて紹介した記事である。イントロの部分には次のように記されている。

> 元マフィア、移民、性転換者……。市民がふだん近づきにくいと感じている人たちを図書館に招き、話を聴きたい入館者に「本」として貸し出す。「生きている図書館」と名付けられた活動が欧州から世界各地に広がっている。社会の偏見を少しでも減らす試みだ。　　（ロンドン　土佐茂生・大野博人）

## 1. 具体的な体験を通して学ぶ教育実践

 私は当時留学生のカウンセリングと地域での外国人サポートを主な研究・実践のテーマとしていた。その中で常に課題として自分の中に存在し続けていたのがステレオタイプや偏見の問題であった。これは、外国人がステレオタイプで判断され、偏見の目で見られ、

さらに具体的に差別を受けているという現実問題があるからというだけでなく、実は自分の中にもステレオタイプで判断する枠組みがあり、嫌だと思いつつも偏見があることを認めざるを得ないことに忸怩たるものを感じていたからである。しかしながら、実際には偏見をもたない人間はいない。ステレオタイプはいわば生きるための工夫であり、新しい物事に直面する人間に判断材料を提供する心的機制として、またある意味でのリスク回避のメカニズムとして意味をもつ反応である。これについては第4章を参照されたい。そうだとすると、ここで問題になるのは、ステレオタイプや偏見を完全になくそうということではなく、その使い方に関する自己制御のトレーニングをどう教育的に組み立てるかということであろう。目の前の具体的な人物が、自分のもっているステレオタイプに当てはまるのかどうかを見極める感性、そしてステレオタイプと結びついた負の感情をいきなり目の前の人物に投影しない態度、そしてそれに基づいた適切な行動スキルの養成であり、その積み重ねが偏見の低減につながっていくと考える。カウンセリング心理学でも、相手にするのはあくまで目の前の唯一無二のクライアント（個人）であり、「一般的にこの年代の青年は……」とか、「一般的に○○人は……」、といったステレオタイプで目の前のクライアントを判断してはならないが、しかし一般的にどうなのかということは、知識としては知っている必要がある。そうでないと、どうしてこのクライアントは一般的なステレオタイプとは違う話をしているのだろうかといった疑問（興味）がわいてこない。適切な質問ができないのである。

　ところが、このような感性・態度・スキルを磨いていくためには、いくら偏見について知識として理論的に学んでも明らかに限界がある。人間は多様なステレオタイプを駆使して状況判断をしているが、必ずしもそれぞれのステレオタイプを意識しているわけではない。

後になって、それは自分のステレオタイプに過ぎなかったのだと気づくことはよくあるが、その気づきをもたらすのは、ほとんどが具体的な「体験」である。また、自分と遠く離れたところにいる者たちに対してはステレオタイプや偏見をもちやすいが、すぐ近くで個人的な交流のある人たちについては現実体験に基づく個別の判断をする。ヒューマンライブラリー創設者の一人であるロニー・アバーゲル（Ronni Abergel）は、『表紙で本を評価してはいけない！：ヒューマンライブラリーを開催する人のためのガイド』("Don't judge a book by its cover!: The Living Library Organizer's Guide")[2]で次のように述べている。

> 自分と離れたところにいる人たちにはいともたやすく偏見をもってしまうことがあるが、個人的な接触のある人たちについて偏見をもち続けることは少ない。「私は移民は嫌いだけど、私の学校のモハンマドはいい子だよ、だって私は彼を知ってるもん」といった類の話を私たちはしばしば耳にする。
> （原文英語）

　人は自分のステレオタイプに合わないケースが出てきてもそれを例外として扱い、ステレオタイプを維持しようとする傾向ももっているが、それでも複数の例外が登場することで徐々にそのステレオタイプそのものが変化していく。すなわち、できるだけ自分に近い場面で出会い、具体的に体験してみること、それが不適切なステレオタイプを修正したり、ステレオタイプに縛られないで柔軟に目の前の現実を処理していく感性・態度・スキルを学ぶ近道なのである。

　このような体験による枠組み（物の見方）の修正は、偏見や差別の低減のためだけに必要なのではない。それは急激に多様化した社

会に生きるための基礎スキルと言ってもよかろう。不適切なステレオタイプを修正したり、ステレオタイプに縛られないで柔軟に目の前の現実を処理していく感性・態度・スキルを学ぶことは、自分の物の見方の枠組みに気づくことから始まる。もちろん、気づくことは全か無かではないので、気づく度に枠組みが少し広がり、さらに気づいてより広がっていくという終わりの無い過程である。枠組みはあくまで自分の枠組みであり、人それぞれ個性的な枠組みをもつことになるが、同時にそれはその個人が生きる社会に適合したもの、すなわち社会の特性に依存したものである。逆説的ではあるが、ここにステレオタイプが役立つものとして生み出される源がある。したがって、同質な集団の中で不自由なく暮らしている人々には、多様性に対応する枠組みは必要ないかもしれないが、グローバル化と多様化が進んだ都市生活では必須のものだろう。

## 2．3つの教育実践

ここでは、参加者が体験を通して自分に気づき、物の見方の枠組みを変化させる教育的な取り組みとして3つの実践を紹介したい。この3つの実践は、形はそれぞれ全く異なるものであるが、ベースとなる考え方は共通している。それは、リアルな対話の体験こそが、自分自身に気づき、相手に対する見方を大きく変えるうえで効果的であるという信念である。

### 2.1 青い目・茶色い目

最初に紹介するのは「青い目、茶色い目〜教室は目の色で分けられた〜」（A Class Divided）の実践である。この実践については、本書の第1章「グローバル社会における偏見と多様性」の6「偏見は

どのように形成されるか」で触れられているので、詳しくはそちらを参照していただきたいが、1968年4月、アメリカ北西部のアイオワ州ライスビルの小学校で3年生を対象にして行われた人種差別についての衝撃的な実験授業である。担当したジェーン・エリオット先生はキング牧師の死に際して黒人指導者に無神経な質問をする白人解説者の傲慢な態度を見て強い危機感を抱き、この授業を実践した。子どもたちの目の色を青い目と茶色い目に分けて、青い目の子どもは優れているとして茶色い目の子どもを実際に差別的に扱い、そして翌日、今度は逆に茶色い目は優れているとして青い目の子どもを差別的に扱った。子どもたちには、その目の色がすぐにわかるように、差別される側の首には襟を付けさせたのである。

ここでは、子どもたちは実際に差別する側、差別される側を経験する。これが実験であることは授業の冒頭で子どもたちに伝えられるが、エリオット先生の筋の通った徹底した振る舞い（演技）は、子どもたちの中に瞬く間に差別の態度と行動を出現させる。エリオット先生は、キング牧師の暗殺は言葉で伝えられるものではなく、実際にそれを経験するしかないとの確信からこの授業を行ったと述べている。

## 2.2 青春リアル

2つ目に紹介したいのは、NHKの教育テレビ（Eテレ）の番組「青春リアル」である。この番組は第8期が2011年10月現在放映されており、内容は、全国で公募された「9人の10代20代が、4か月間メールで悩みを語り合う。ネットでのマジ語りはリアルな毎日をどう変えるのか？　新感覚ネット・ドキュメンタリー」（ホームページの説明より）[3]である。この番組は特に偏見低減を目的にしたものではないが、ここに登場してくる高校生から大学生、会社員、あ

るいは主婦の参加者は、実際にメールを書き込む彼らの映像とともに驚くほど正直に本音の語りを展開する。それまで会ったことはもちろんないし、おそらく一生実際に会うことのない若者たちが、偏見だろうが悩みだろうが強がりだろうが、時に変化球で、時に直球で投稿し合う。この現在進行形で見せる新感覚のドキュメンタリーは、真剣な本音の語りが一定期間続いていくことがどのような関係を醸成するのかを実にリアルに見せてくれる。彼らの多くは、怒り、悲しみ、悩み、絶望し、助け合い、信頼し合うという紆余曲折を経て、凝縮した関係を築いていく。人間が誠実に本音で語ることの力をこれほどリアルに見せてくれる番組を私は他に知らない。私がここでこの番組を取り上げるのは、まさにこの本音で自分自身に深くかかわる対話（出会い）を行い、それを意識的に捉えるということこそ、最後に取り上げるヒューマンライブラリーの実践も含めてこれら３つの実践に共通するものであると思うからである。

## 2.3 ヒューマンライブラリー

　ヒューマンライブラリーは、障がいをもっていたり、人種的なマイノリティであったりすることで人々から近づきにくいと思われたり、偏見を受けやすい立場にある人が、「本」となって30〜45分程度貸し出され、読者は１対１で、あるいは１対数人でその「本」の語りに耳を傾け、対話がなされるという特別な「図書館」（イベント）である。通常の本と同様に、ヒューマンライブラリーの「本」にもタイトルがつけられて、どのようなことで偏見や差別にあいやすい人なのかがわかるようになっている。たとえば、性同一性障がい（タイトル『ひとりの「女性」として認められる日まで』）、全盲（タイトル『私は闇を知らない』）、顔にあざのある方（タイトル『ぼくにはこの顔が普通です』）などである。しかし、実は「本」と「読者」に本質的

な違いがあるわけではない。たとえAという観点から見れば偏見を受けやすい立場にある「本」の方も、Bという観点では何も問題をもっていない。Aという観点で何も問題をもっていない「読者」の方は、実はBという観点では問題を抱えているかもしれない。この「読者」も、Bという観点では「本」になることもできるのであり、ある意味では誰でも「本」になれるとも言える。ここで大切なのは、「本」となった人が人生の極めて重要な問題（本のタイトルになっている当該の問題）について本音で語ること、そしてそれを誠実な関心をもって受け止め、語り返すという時間がもたれるということである。先に述べた「青春リアル」について触れるならば、その視聴者は、「本」と「読者」のやりとりをメタレベルで見る観察者であり、そこで「本」と「読者」の両者の疑似体験をすると言ってもよかろう。

　さて、以下に本稿の主題であるヒューマンライブラリーについて詳しく述べよう。ここでは、デンマークのヒューマンライブラリー本部事務局が公開しているホームページ[4]からの情報と私のゼミでの2回の取組み経験から、その歴史と開催のためのプロセスを取り上げて記したい。

## 3．ヒューマンライブラリーの歴史

　1993年にデンマークのコペンハーゲンで友人が暴漢に襲われたことに触発されてロニー・アバーゲルを中心とする5人の若者がNPO組織 ストップ・ザ・バイオレンス（Stop The Violence）を結成した。この組織は、デンマークの若者に暴力についての意識を高め、暴力防止の教育的活動を行う団体であるが、数年のうちにデンマーク全土で3万人のメンバーを集める巨大な組織に発展した。

ヒューマンライブラリーは、この組織のリーダーであるロニー・アバーゲルらが、10万人の参加者を集めるデンマーク最大の夏の音楽フェスティバルであるロスキレフェスティバル（Roskilde Festival）のディレクターであるレイフ・スコーヴ（Leif Skov）と出会ったことに端を発する。音楽と文化のフェスティバルという環境の中で、若い人たちに多様性への寛容な心を育み、偏見を低減して暴力なき世界に近づく実践的な方法、それがヒューマンライブラリーの試みであった。

 2000年に開催された初のヒューマンライブラリーの成功は、すぐに欧州協議会（Council of Europe）の欧州青少年センターブダペスト支部（ハンガリー）のディレクターの耳に留まり、翌年はハンガリーのスィゲトフェスティバル（Sziget Festival）で、7日間という長期の日程で開催された。

 これ以降、ヒューマンライブラリーは2006年まで、デンマーク、ハンガリー、ノルウェーを中心に北欧で展開したが、2006年には本書第8章で紹介されているようにヨーロッパ以外でもオーストラリアのリズモーで最初の開催が実現し、2007年には米国でも開催されて、一挙に前年比4倍の年間49件となった。2008年にはアジアで初めて日本（京都）で開催されている。正式に登録された開催の記録は現在のところ2009年までのものしかないが、この年の開催数は71件と更に増加した。2011年9月現在のホームページでは世界45カ国で開催となっているが、非公式ではあるが最新の情報では、すでに65カ国に増えており、アジアでもオーストラリアや日本の他、シンガポール、フィリピン、中国、マレーシア、韓国等で開催されているとのことである。正式にヒューマンライブラリー（Human Library）としてデンマークの本部に登録しなければ同様の内容のイベントが実施できないというわけではないので、これ以外

にも開催されているところは少なからずあると思われる。日本事務局のホームページによると、すでに日本だけでも2008年から現在まで22回の開催実績があり、その数は2009年までの2年間で7回であったものが、10年と11年の春までの1年半で15回と急速に増加している。世界的にも爆発的に増加しているものと思われる。

## 4．ヒューマンライブラリーの組織と開催場所

　先に述べたように、本部はデンマークのコペンハーゲンに置かれているが、開催は各地域の各組織が自律的に実施する独立した形態をとっている。本部にインターネットで事前登録することによって、正式なロゴの使用などが許可されて本部のホームページにも掲載される。正式な開催になれば、いくつかの条件を守らねばならないが、登録料金や会費などはかからない。

　各国・地域の事務局がどのように機能しているのかは定かでないが、日本ではリビングライブラリー日本事務局（Living Library Japan）の名称で、東京大学先端科学技術研究センター人間支援工学分野のもとに開設されている。日本事務局も独自にホームページ[5]を運営しているが、多くのイベントはそれぞれ主催する団体が独自にホームページを立ち上げている場合が多く、基本的にはその地域の言語で作成されたものである。

　最初のヒューマンライブラリーは、野外音楽イベントの一つの出し物として始まった。ロック・フォークミュージック主体の音楽イベントでは、参加者（若者中心）は音楽（ロック・フォーク）という世界共通のコミュニケーション手段を共有し、楽しむ。それ故、偏見や差別には馴染まない愛・平和・平等といったムードが形成されやすい。その意味ではヒューマンライブラリーを実施するうえでのア

ドバンテージをもっている。確かに、そこに集まる人たちは、ほとんどがヒューマンライブラリーを目的に来ているのではなく、たまたま通りかかった音楽好きの若者が「面白がって」参加するのである。しかし、このことは必ずしも悪いことではない。ヒューマンライブラリーには、誠実な気持ちで参加するということがとても大切ではあるが、一方で遊びの感覚、ノリの感覚が必要でもあると本部のホームページにも書かれている。まじめすぎて堅苦しくなったり、教条的になったり、重苦しい雰囲気になったりしない方がよいので、このようなフェスティバルでの開催も適したセッティングであると言える。

　フェスティバルの他に、近年特に開催されることが多いのは、ライブラリーの名前の通り、大学や公共の図書館での開催である。これは従来の図書館の概念を超える極めて興味深い図書館の展開である。情報化社会の進展に伴い、図書館はすでに物理的な本を貸し出すという従来の機能を超えて、さまざまなデジタル情報も提供する場となっている。しかし、「本」として、デジタルではありえないホーリスティックな「人間」そのものを貸し出すという全く新しい発想は、このヒューマンライブラリーによって幕を開けた。オーストラリアのリズモー市の図書館がこの催しを毎月開催していることは第8章に詳述されている。北米での開催を見ると、大学図書館が深く関与しているようである。大学は開催が許可されるならば、図書館のほかにも教室などの会場が確保しやすく、学生や教職員というスタッフとしての人的リソースがあり、さらに「本」や「読者」の信頼も得やすいというメリットがあって、最も開催に適した場所（主催団体）であると思われる。日本では、残念ながら公共性のある図書館主催の、あるいは図書館を会場とした開催は草加市立中央図書館で2011年12月に実施した獨協大学のみであるが（会員制の図書

館機能をもつ六本木ライブラリーが数回開催している)、チャレンジする図書館が広まっていくことに期待したい。デジタル化する図書館にアナログでしか伝えられない情報も大切にして欲しいと思うからである。

　ここでは、最後に美術館での開催という新しい展開にも触れたい。この「生きている美術館」は、ヒューマンライブラリーのコンセプトを応用して、浜松市美術館と東京大学先端科学技術研究センターの共催で 2011 年 11 月に実施されたが、ヒューマンライブラリーの新たな可能性を示す興味深い発展形である。日本事務局のホームページには次のように紹介されている。

> 　生きている美術館では、出展アーティスト・鈴木康広氏や、そのゆかりのある浜松市近郊のアーティストが「生きている本」となり、作品とともに鑑賞者 (以下、読者と呼びます) に貸し出されます。読者は 30 分間、「生きている本」と対話をすることができます。
> 　「生きている本」のみなさんには、それぞれの作品について、どのようなきっかけや思いつきを得て作成したか、その経験や作品への思いについて語っていただきます。読者はある一定のルールのもと、自由に質問を投げかけることができます。一回の対話時間において、読者は多くても 3 人と少人数に限定されています。したがって、読者はアーティストと親しみやすい空間のなかで、アート作品やアーティストの思いに耳を傾けることができます。
> 　このように、「生きている本」と読者との直接対話を通し、アート作品鑑賞に対する固定観念をやわらげ、多様な視点への"気づき"を提供し、アートへの関心の向上を図るという

試みが「生きている美術館」です。

## 5．ヒューマンライブラリーを開催してみる
### ——開催の手引き

　ヒューマンライブラリーは、どのような会場でどのような設定の下に開催されるかによって雰囲気はかなり変わってくる。ここでは、デンマーク本部の公式ホームページからダウンロードした開催マニュアルを参考に、筆者が大学のゼミナールで実施した２回の経験を踏まえて、大学のゼミナールが大学を会場として主催する場合の流れを紹介する。具体的な実践事例の詳細は、第７章の駒澤大学の事例や第８章のオーストラリアの事例もご参照願いたい。

### 5.1　なぜ開催するのかについてのミッションを明確に記述する

　大学で開催する場合のスタッフは学生である。関連する分野の研究を行っているような大学院生は別として、学部生ではこれまでヒューマンライブラリーという名前すら聞いたことがないという場合がほとんどであり、したがってこのイベントの趣旨をしっかりと理解するということが最初の最も大切な仕事である。この「理解」は、当然ながらプロセスが進むに従ってその質も深さも変わってくる。それがスタッフとして働く学生にとっての学びの現れ（証明）なのである。

　ミッションは実践してみて壁にぶつかったときに立ち戻って考える基本姿勢である。このミッションが説得力をもった良い文章として記述されていることが非常に大切であり、この記述にはスタッフ全員で時間をかけてああだこうだと議論し、推敲するのがよい。一番最初から完璧なものができなくても、何度か読みなおし、確認し

なおしていく過程でしっくりする文章に創り上げていくということで構わない。

ミッションの内容は主催者の開催の意図であるから、開催する場所や条件によって個性的なものであってよいが、それでも、次のような点はヒューマンライブラリーのベースにある基本的な考えと言ってよかろう。すなわち、①社会が多様性に満ちていることを知る、②人は誰もが多様であり、しかも多様であってよい（他の人と違っていてもよい）ということを受け入れる、一方で、それにもかかわらず、③人は誰もが何らかの偏見をもっていることを自覚する、それでもなお、④偏見の低減を目指して立ち上がろうと志す。ミッションはどうしても啓蒙的な要素が基本となるが、一方でヒューマンライブラリーはあまり深刻に考えすぎない方がよいとも言われる。最後に加えるならば、⑤多様性を楽しむ、といったフェスティバル的な要素を兼ね備えるバランス感覚だろうか。

## 5.2 「本」と「読者」を集める

このミッションのもとに、スタッフはどのような人に「本」になってもらいたいかについて検討を始める。会場の設定や焦点の当て方で選ぶ人も異なる。たとえば、海外のロックフェスティバルにおける開催では、人目を引くパンクファッションの人など「ちょっと危ない」人が人気なのだという。焦点の当て方とは、たとえばいろいろな国からの外国人を呼ぶとか、多様な宗教の人々に話を聴くとか、性同一性障がいやゲイなど性的なマイノリティに焦点を当てるというような試みである。もちろん、そのような枠をつけないで、広く多様な「本」に参加いただくということがより一般的である。

(1)「本」を集める

　「本」を集めることはスタッフの力の見せどころである。初めての開催では、どう集めればよいかわからないので途方に暮れるかもしれないが、インターネットや著書、他のイベントなどを活用すれば、案外コンタクトするルートは見つかるものである。一人見つかると、芋づる式に次々と紹介してもらえたりもする。たとえば、アルコール中毒や薬物中毒などから回復した人たちが集まり新宿をねり歩くリカバリーパレードがここ数年秋に開催されているが、ここには多種多様な人々が集まる。何から回復したかは違っても、その苦労や体験の意味には共感するものがあるだろう。たとえ初対面であっても、参加者は互いに深いつながりを感じていることがよくわかる。他にも、すでに実施されている他のヒューマンライブラリーのイベントに参加して読者となり、「本」の方とつながりをもつのもよい方法である。自分が「読者」となることで、その立場からわかってくることも多いし、運営の仕方を見ることもできるので、これから企画しようという人にはとても有益である。

　「本」の方には、最初にミッションをお話しする。なぜヒューマンライブラリーを開催するのか、どのようなことをして欲しいのか、どのような条件で開催するのかなど、できるだけ詳しく丁寧に説明する。もちろん、参加には多少ともリスクが伴う。それについて、どうリスク低減をはかっているのか、何かあればどうするつもりなのかも話す。もちろん、誠心誠意伝えなければ伝わらない。この誠心誠意の気持ちが人を動かす。それはこのイベントに限ったことではないのだが、ほとんどの学生はそのような経験をしたことがない。気持ちが通じて人が動いてくれたときの感動が生きた学びとなって、スタッフは人間的にも成長するのである。

## (2)「読者」を集める（広報）

　「本」の方々は貸し出される（自分のストーリーを話す）ために集まって下さるのであるから、借りてくれる「読者」がいなければ意味がない。当然のことながら、「読者」を集めることが準備後半の最も大切な仕事である。広報もまた、どのような会場（セッティング）で開催されるのかによって異なってくる。私のゼミが主催して開催する明治大学のヒューマンライブラリーは全くの一般公開であり、これが標準の型であるが、2010年の獨協大学ヒューマンライブラリーは大学の学園祭で開催されたので、大学内のフェスティバルといった趣になる。第7章で触れられているように、2011年には駒澤大学が附属の駒澤大学高校との連携で開催した。これも公開ではあったが、高校生の参加を意図した企画である。また、富士通株式会社が社内研修の目的で非公開で実施した企画もあるし、六本木ヒルズ内にある六本木ライブラリーがその会員向けに提供した企画もある。セッティングの仕方によって、広報も自ずと変わってくることは言うまでもない。

　また、ポスター、チラシ、ホームページによる広報を展開するにあたっては、問い合わせ先を公表しなければならない。メールによる問い合わせを受けつければ、問い合わせをチェックして返事をする必要がある。新聞などのメディアに取り上げられれば、反響も大きく、問い合わせの数も少なくない。効率的に処理しようとすれば、あらかじめよくある質問（FAQ）をホームページに掲載しておくなどの工夫も必要である。

## 5.3　当日のスタッフの仕事と配置

　必要となるスタッフの人数は、その規模、内容、形式によって決まる。たとえば、貸し出す「本」が20冊（20人）である場合を想

定してみよう。その企画内容として、「読者」に「本」を個別に貸し出すだけでなく、ミニ講演会や資料等の展示を合わせて行うというケースで仕事別にその概要と必要なスタッフ数を示すとおよそ以下のようになる。

(1)「読者」受付係と司書

　20冊の「本」に対してどの程度の「読者」が集まるかは、イベントそのものの設定や広報のやり方によるが、1日に100人程度の「読者」が来場するとすれば、1人が2〜3冊の「本」を借りることが多いので（ミニ講演を含む）、貸し出される冊数（回数）は延べ200冊〜300冊程度となる。実はこれは「本」の方々にとってはかなりの重労働である。1日午前10時ころから夕方4時、あるいは5時頃まで、1回30分で8回程度「本」としてあるいはミニ講演の講演者として出動しなければならなくなる。

　この「本」の貸し借りに対応するのが受付と司書の役割である。「読者」は最初に登録して読者カードを作成することになるので、記入に少し時間がかかるし、どのようにすれば借りられるのかがわからないので、質問も多くなる。そこで、事務的な受付のスタッフ2〜3名の他に、会場で説明する司書が2〜3名いるとよい。時間によっては受付は混雑するので、司書は「本」の案内だけでなく、会場の案内なども務める。また、受付で予約が入ったら、すぐに予約表に記入して「本」の方にもお知らせしなければならない。そのシステムにはアナログ的な工夫もデジタル的な工夫もあるが、明治大学の実践では次頁の写真のようにパソコンで準備したスケジュール一覧にちょうどオセロのように未予約の白丸が予約が入ると黒丸に変わるようにして、会場と「本」の方のおられる「書庫」にプロジェクターで同時投影している。これで「読者」もどの時間にどの

第2部 偏見低減の理論と方法

写真:「本」の貸出し予約一覧表
(複数の黒丸は一度に複数の「読者」を受けることを示す)

「本」を借りられるかが一目瞭然となり、また「本」の方も自分がいつ貸し出されるのかが同時にわかる。このシステムはこれまでうまく機能している。

(2)「本」と「書庫」の担当者

　「本」の担当者は、「本」になってくださる人を探し、説明し、参加の承諾を得て、当日もお迎えし、必要に応じて当日は終始傍らに付くことにもなる。たとえば、全盲の方や車いすの方等、介助が必要である場合も少なくない。基本的には同じ人が最初から最後まで担当する。当日の介助が必要な人数は「本」がどのような方になるかによって決まってくるが、介助の必要がない「本」の方も、貸し出される時のセッティングや食事等について案内してくれるスタッフが必要である。そのため、「本」の方が待機する部屋(「書庫」と呼

ばれる）が必要であり、その書庫を担当するスタッフが3名は必要となる。その3名の中から、1名は受付での予約状況と「本」の方の貸し出し状況・準備状況を両方チェックする責任者になる。きちんと予約通りに貸し出しが進んでいるかを確認するのであるが、「本」の方の体調やトイレ休憩などで時間が変わってくることもある。その場合にはすぐに受付に情報提供しなければならない。情報が集約されるこの書庫の責任者の仕事は、当日最も重要でたいへんな仕事である。書庫の他のスタッフも、ダブルブッキングなどが生じたときには責任者に代わって問題解決に奔走しなければならない。その間も「本」の貸し出しは続いており、責任者はその貸し出しにあたらねばならないからである。

(3) ミニ講演の担当者

　1冊の「本」を数名の「読者」が借りる（数名で一緒に「本」の語りを聴く）という場合や、あまり多くの「読者」を想定しない場合にはミニ講演は必要ないかもしれないが、1冊の「本」に1人の「読者」というマンツーマン形式をとる場合には、20冊の「本」を集めても、最大一度に20人の読者にしか対応できない。また、どうしても人気のある「本」に「読者」が集中する。このような場合には、ミニ講演をセットして、人気の出そうな「本」には小さな講演の形式で数十人〜50人規模の20〜30分程度の講演会をプログラムに組み込んでおくとよい。いくつかのミニ講演が時間をずらして設定されていれば、希望の「本」が借りられなかった場合にも、少なくとも講演の形式ではその「本」の話を聞くことができる。

　なお、会場設定にもよるが、多くの読者はヒューマンライブラリーについてよく知っているわけではない。フェスティバル等での開催ではほとんどがその場でなんとなく立ち寄ったという人が大半

である。したがって、ミニ講演の中にスタッフ学生がヒューマンライブラリーについて説明するという内容も組み込むとよい。学生スタッフにとっても発表のよい機会となる。このミニ講演のためにスタッフが2～3名必要となる。

(4) 資料等の展示室担当者

ヒューマンライブラリーそのものについて知ってもらうだけでなく、多様な「本」の方々の背景を印刷物や映像を通して知ってもらうために資料室を設けるとよい。資料としては、「本」の方々の日常生活を捉えた写真や映像、「本」の方の著作、支援団体等のパンフレット、ヒューマンライブラリーの資料などだが、関連図書の販売や支援のためのカンパなどもこの部屋で実施できる。販売等で金銭の授受が発生する場合には、2名のスタッフが必要になろう。

(5) ファンドレイジング

ヒューマンライブラリーは基本的にボランタリーな企画である。従って、「本」となる方にも謝金はお支払いしないし、「読者」から参加費もとらない。これはデンマーク本部の基本方針であり、守られるべき原則となっている。しかし、だからと言って全く資金が必要でないわけではない。当日は「本」の方の交通費や食費、茶菓子等はどうしても必要であるし、名札やスタッフの腕章あるいは揃いのＴシャツなどをつくることもあり、場合によっては会場費もかかる。準備にしてもポスターやチラシの印刷等に多少の経費は必要である。そこで、スタッフは企画そのものの準備の傍ら、経理担当スタッフを決めて、その見積りに沿って必要なファンドレイジングも行う。

ファンドレイジングの活動は、実はしないで済ませられればこれ

に越したことがないというような活動ではない。スタッフは資金提供をお願いするために、ありとあらゆる質問に答えねばならないし、企画の意義を情熱的に伝えることができなければ資金提供などしてもらえないからである。つまり、ファンドレイジングは実用的なニーズだけでなく、教育的な効果も狙って実施される重要な活動である。本書第7章の駒澤大学の学生の奮闘を読んでいただければ、それがすばらしい学びの機会になっていることがおわかり頂けるであろう。ファンドレイジングにも責任者となるスタッフを決めるが、実際の活動は全員であたることになる。20冊程度の「本」に参加して頂く1日の企画の場合、遠隔地からお呼びすることがなくても、簡易の報告書なども作成すれば全部でおよそ15万円程度の資金が必要になり、これを集めるのは容易ではない。

(6) その他の当日の仕事

その他の仕事としては、「読者」の誘導や当日のメディア取材等への対応（プライバシーの配慮）、記録としての写真やビデオの撮影、「本」と「読者」へのアンケートの実施、終了直後に行われる情報共有と反省の会の開催などがある。これまで記載したすべての仕事をこなすとなると、スタッフの数は当日のみのスタッフも入れて、少なくとも10名、理想的には15名以上欲しいところである。

## 5.4 終了後の仕事

このイベントを初めて開催する学生スタッフにとって、イベントの成功は全力投球により成し遂げられるものであり、それゆえ終了後の解放感や脱力感もひとしおである。しかし、ここで終わるわけにはいかない。「本」の方々へのお礼の連絡、アンケートの集計と報告書の作成が待っている。教育的な営みとしてこのイベントを開

催するならば、その意味でもこの作業は欠かせない。終了後のディスカッションは、やったことがなかった開催前とは次元の違うものとなる。

　また、このイベントは一度だけでなく、継続的に実施されることで更なる意味をもってくる。イベントとしてお祭り的な要素ももつが、ネットワークを広げ、理解を広げる地道な活動でもあるからである。従って、報告書は次の実施に向けた貴重な資料となり、これを基にして新しい「本」の方々の獲得やメディア等への広報、ファンドレイジングなどを行っていく。報告書の印刷には経費がかかるが、ネット上の公開だけでなく、可能ならばきちんと印刷して配布できる形にするとより使いやすい。

## おわりに

　日頃偏見の目で見られやすい方々がリアルな人間同士として対話する機会を設定するわけであるから、確かにリスクもあるし、責任体制も敷いておかねばならないが、これまで自分自身の経験も含めて、大きなトラブルが生じたという話を聞いたことがない。イベントそのものは、むしろ非常に力のあるものであり、たくましく強いイベントだと感じている。何より、そこに集まる多様な「本」の方々のオーラはただものではない。それぞれが抱えている人生をありのままに受入れ、それに感謝さえして生きる前向きな姿勢はまぶしい。そこには、障がい者がプロレスをやって何が悪いと雄叫びをあげるドッグレッグス（障がい者プロレス軍団の名前）[6]の思想や、障がいをなんでもありで受け入れて笑い飛ばす「べてるの家」の実践と「非」援助論[7]に通じるユーモア、誠実さ、そして凄みがある。

　ヒューマンライブラリーがもっともっと開催されて、「本」同士、

主催者同士もつながって、さらに広がっていくことを切に願っている。

## 【注】

(1) 「Living Library」が米国で商標登録されていたために継続使用できなくなったこと、またデンマーク語での意味からすると、むしろ「Human Library」に近いことから変更となった。
(2) ロニー・アバーゲル『表紙で本を評価してはいけない！：ヒューマンライブラリーを開催する人のためのガイド』(Ronni Abergel (2005) *Don't judge a book by its cover!: The Living Library Organiser's Guide*, Council of Europe)
(3) 青春リアル公式ホームページ　http://www.nhk.or.jp/ss-real/
(4) ヒューマンライブラリーのデンマーク本部公式ホームページ　http://humanlibrary.org/what-is-the-living-library.html
(5) 日本事務局ホームページ（理由は不明だが、今もリビングライブラリーと称している。3月23日現在、一時閉鎖中）　http://living-library.jp
(6) 北島行徳（1997）『無敵のハンディキャップ～障害者が「プロレスラー」になった日～』文藝春秋
(7) 浦河べてるの家（2002）『べてるの家の「非」援助論』医学書院／浦河べてるの家（2005）『べてるの家の「当事者研究」』医学書院／向谷地生良（2009）『技法以前～べてるの家のつくりかた～』医学書院

# 7 大学における
ヒューマンライブラリーの実践
―― 駒澤大学坪井ゼミの取り組みから

**坪井健**

## はじめに

　この章では、偏見低減のための社会実験であるヒューマンライブラリーの実践を 2010 年 10 月に大学ゼミ活動として取り組んだ駒澤大学坪井ゼミ 3 年のケースを紹介する[1]。

　坪井ゼミは翌年の 2011 年にも第 2 回目を実践したが、ここで紹介するのは第 1 回目の取り組みである。第 1 回目はマイノリティの生きにくさ理解を中心としたオーソドックスなヒューマンライブラリーであった。

　2011 年の 2 回目のヒューマンライブラリーは、偏見の低減に貢献する通常のヒューマンライブラリーだけでなく、別に 2 つの意図をもって実施した。その一つは、高校の校舎で実施し高校生にスタッフ兼「読者」として参加してもらい、大学ゼミを体験し学びのチャンスにしてもらう試み、つまり高大連携[2]の取り組みの実験的試みであった。

　もう一つは、この年の 3 月に発生した東日本大震災を受けて震災支援のヒューマンライブラリーの取り組みを加味したことである。従って、従来のマイノリティの方々だけでなく、震災被害者や震災救助に従事した自衛隊や消防関係者、震災支援のボランティア団体職員にも「本」としての参加を呼びかけた。また、ゼミ生自身も震

災ボランティアに出かけ、そのボランティア体験や現地で見てきた震災被害の実情を自身の語りで生々しく読者に伝えた。自衛隊の方は演習と重なり参加は叶わなかったが、震災の実情をヒューマンライブラリーの手法を使って、当事者を語り手として、「読者」に伝え支援の輪の拡大に貢献することを意図とした試みであった。

これはヒューマンライブラリーの手法を使った新しい可能性を示す試みであり、それ自体興味深い実験であったが、本稿のテーマからは逸脱するので、この第2回目の実践活動については直接言及しない。

本章は、坪井ゼミ3年（26期生）8名による第1回目の実践報告書を参考にしつつ、その実践がもたらした教育的効果に関して若干の考察を加えて紹介する。

## 1．なぜヒューマンライブラリーに取り組んだか

2010年、この年のゼミの共同研究のテーマとしてヒューマンライブラリー開催が決まったのは6月7日であった。開催予定日の4ヶ月前である。正式名称も当時使われていたLiving Libraryの和名を使い「『生きている図書館』駒澤大学」とした[3]。

坪井ゼミでは、3年次には例年、課題達成型のフィールドワークによる共同研究を中心にゼミ活動を行って来た。多くは社会調査（アンケート調査、聞き取り調査、観察調査、フィールド実験など）を取り入れた共同研究を実施し、最終的に報告書をまとめて1年間のゼミを終了する。持ち上がりの4年次は卒業論文の研究指導のゼミになる。

共同研究のテーマ決定が6月になるのは、4月、5月にゼミ内でディベート大会を行っているからである。この年、共同研究テーマの検討に入ったのは5月中旬である。当初学生と教師が呈示した

テーマは10テーマほど挙がっていたが、比較検討するうちに数テーマに絞られた。ヒューマンライブラリーはその一つであった。

　テーマ設定で重視したのは、1. 共同研究でないとできないテーマであること。2. 学生にとって興味深いテーマであること。3. 社会学ないし社会心理学的アプローチ可能な社会的に意義あるテーマであること。そんな観点から絞り込んでいった。

　テーマ決定の直前に、ゼミ生は東京大学のヒューマンライブラリーを体験していた[4]。学生はそのイベントに大変興味を示したが、同時にこんな大きなイベントが本当に自分たちにできるのかという一抹の不安も抱えていた。最終的に全員の投票で決定したが、5対3というきわどい票差で決定した。しかし、この決定について、その後もみんなで話し合った。

　イベントの成否は、ゼミ生全体のチームワーク、団結力がカギを握る。社会的責任を伴うイベントなので最後までやり通す覚悟が必要である。特に8人という少人数のゼミでは一人欠けても大きなリスクになる。そんなリスク負担の覚悟を確認したが、みんなの気持ちは変わらなかった。もちろん、その後の苦労をこの時点で予測できた学生は誰もいなかったと思うが、全員の気持ちが一致していることは確認できた。

　こうした確認作業は、テーマ決定に至るいろいろな迷いを払拭する意味でもよい機会であった。慎重なテーマ決定は、心をひとつにする集団づくりに欠かせない。

　こうして学生の一致した気持ちを確認して、ヒューマンライブラリーの実施は決まった。実施日は4ヶ月後、2010年10月10日（日）とした。

第7章　大学におけるヒューマンライブラリーの実践

## 2.「本」探しとチームづくりのプロセス
## ──苦闘と成長の3ヶ月

### 2.1　開催理念と方針の決定

　最初に我々はどんなヒューマンライブラリーを開催するか、「『生きている図書館』駒澤大学」の開催理念や目的を明確にしなければならない。いろいろ検討した結果、以下のようなテーマを設定することにした。

　　〈多様な人々が生活していることへの気づき、
　　それらの人々との対話・交流を通じて寛容な心を育て、
　　多文化共生の開かれた社会をめざす試み〉

　さらに、このヒューマンライブラリーでは、坪井ゼミがこの10年来テーマにしている「地域連携」「地域貢献」をキーワードに掲げ、対象とする「読者」の主要ターゲットを大学の所在地である地元住民、特に世田谷区住民に設定した。もちろん、他の地域からの「読者」を拒むものではないが、広報宣伝の対象を世田谷区という地元に特化した。

　地域貢献活動という目的を強調するために区の教育委員会に後援してもらうことになった。実際、区の広報誌『区のおしらせ』に開催記事を掲載してもらうためにも区教育委員会の後援事業であることが必要であった。

　こうして我々のヒューマンライブラリーの理念や目的、開催意図や方針が明確になっていった。

　理念や目的について話し合う過程で、「生きにくさを抱えた人」という具体的な候補が絞られた。障がい者、性的マイノリティ、難

民、元薬物依存症の人などが「本」の候補として挙がった。当初は戦場カメラマン、戦争体験者なども候補に挙がったが、開催意図に反すること、興味本位の「本」選びだとして出演交渉を途中で断念したこともあった。

また「図書館」というからには、多様な種類の「本」を提供する必要がある。短期間にいろいろな種類の「本」を集めるのは至難の業であるが、目標は高くとりあえず20冊（人）集めることをめざした。

こうして「生きている図書館」駒澤大学の輪郭が少しずつ明確になっていった。次はいよいよ行動である。実際に「本」出演者が集まらなければ、どんなにアイデアがよくても〈絵に描いた餅〉にしかならない。区教育委員会の後援事業という公共性の高いイベントになった。甘えは許されない。ゼミ生にとっても教師にとっても大きなカケが始まった。いよいよ退路を断っての取り組みが始まった。

### 2.2 最初の壁――「本」出演交渉

毎週月曜日4時限目が正課ゼミの時間であったが、当然ゼミ時間にできることは限られる。主たる活動フィールドは学外での実践活動である。

ゼミ学生は各種の障がい者支援団体に連絡し「本」出演交渉に出かけたが、ヒューマンライブラリーの認知度の低さもあって、最初の1ヶ月間は全く成果がなかった。

支援団体に出向いて説明すると、みんな興味を示してくれる。しかし、「本」出演者の交渉になると「わかりました。相談してみます」と回答を保留される。そして後日「申し訳ありませんが、希望にお応えできません」と断られるといった具合である。

考えてみれば当然である。生きにくさを抱えた障がい者や性的マ

イノリティ、元薬物依存症、元ひきこもりの人が、自らの弱点を他人に自己開示する催しである。障がい者を支援する団体が生きにくさを抱えた個人に対して、敢えて自らをさらけ出すイベントに組織としての参加を要請することは難しいだろう。

　たとえばこんなケースがあった。元薬物依存症のケースである。担当学生は、支援団体を尋ね集会に参加させてもらい協力を仰ごうとした。しかし、実際は薬物依存症からの回復は難しく、回復途上者が自己の体験を語ることは難しいということがはっきりして頓挫しかけた。その後「本」として出演してもらったが、その人はこの交渉過程で接触していたその団体の世話役だった。この世話役自身が元薬物依存症であり回復途上者だった。他人の紹介は無理だったが、こちらの真摯な熱意が伝わり、仲介者本人が参加してくれたケースである。

　またこんなケースもあった。元ハンセン病患者の出演交渉である。学生は元ハンセン病療養所に出向いて元患者に出演交渉をしたのであるが、学生がハンセン病について不確かな知識しかもち合わせていないことを見抜かれて「ちゃんと勉強してから来てほしい」と言い返された。その後、学生はハンセン病に関する資料を調べ「国立ハンセン病資料館」にも足を運んで勉強した後に、再度、出演交渉に行った。その結果、「本」としての出演に同意してくれたのであるが、高齢のため送迎用の車が必要ということになり、結果的に、主催者として車を用意できず実現しなかった。

　こうした苦労を重ねて「本」出演交渉は続けられた。当初は、関係団体や関連機関などの組織を経由したために、ほとんど「本」協力者は得られなかった。先に述べたように、ボランティアで自己開示する出演を組織が依頼することは難しい。このイベント自体の認知度が、当時は今より低かったという事情もある。

実際、その翌年2011年に開催した時には、「本」の側から出演させてほしいという依頼が舞い込んだこともあり、1年前の苦労がウソのように思える経験をしている。

　最初の「本」が決まったのは、「本」探しを開始して1ヶ月以上経過した7月中旬である。受刑者の人権を訴える監獄人権団体スタッフが自ら出演に同意してくれたケースである。受刑者本人は「本」になり得ないので、このケースでは代弁者しかいない。当然のことながらこうした代弁者への依頼なら比較的ハードルは低くなる。

　今日のようにインターネットが発達し個人がブログで情報発信できる時代には、逆に簡単に「本」が見つかるケースもある。個人ブログで自らの生きにくさの体験を自己開示しているケースである。我々のケースでは難病の方、自死者遺族の方などがそうしたケースであった。これらの方は、すでに自らの体験をブログで開示しているので、人前で話をするのにあまり抵抗感がない。

　最終的に全19カテゴリー21冊（人）の「本」を集めたのであるが、6月中旬からの月別の「本」決定者は、7月に2冊、8月に5冊、9月に11冊、10月に3冊集まっている。最後の「本」は10月6日に決定しているが、ここで我々の「本」集めは中止した。

　なぜ9月になって急に集まるようになったのか。7月、8月の「本」集めはムダだったかというと、必ずしもそうではない。多くは7月、8月に「本」出演交渉過程で生まれた人脈、ネットワークが9月になって花開いたというのが正しい。

　少しずつわかってきたことであるが、生きにくさを抱えたマイノリティの人たちは、カテゴリーを越えて独自のネットワークをもっていることが多い。一人二人と出演が決まる内に、「本」出演に同意してくれた方から「自分の知り合いでこんな人がいるが紹介しよ

図表7-1 「生きている図書館」駒澤大学に出演した「本」カテゴリー

| 監獄人権支援者 | 引きこもり経験者 |
|---|---|
| 自死者遺族 | 言語障がい者 |
| 筋ジストロフィー患者 | 摂食障がい者 |
| 顔にアザのある人 | 薬物依存回復途上者 |
| 性同一性障がい者(3人) | アルコール依存回復途上者 |
| 犯罪被害者家族 | 視覚障がい者 |
| 難民支援者 | アルビノ(先天性白皮症)当事者 |
| 生活保護受給者 | 難治性脱毛症者 |
| 元ホームレス | |

注)ここでのカテゴリー表記は、開催時の表記のままでなく若干修正している。

うか」と提案されるケースが増えてきた。そうしたマイノリティの人たちの協力、彼らのネットワークが9月の「本」集めに大きく貢献した。

こちらの趣旨、ねらい、そして真摯な気持ちを誠実にそして積極的にアピールして来たからこそ、「本」出演者の人たちの信頼を勝ち得て彼らの協力が得られたと言える。「本」出演者交渉は、こうした人間関係のスキルを学習する機会でもあった。

## 2.3 仮想ゼミ空間としてのメーリングリスト——チームづくり

大学の夏休みは1ヶ月半ほどある。夏休み期間中に活動を休止していては「本」探しは進まない。ゼミ生は夏休み期間中も「本」探しはもとより、生きている図書館開催の準備に奔走した。

休暇中に坪井ゼミのチームワーク強化に貢献したツールは、Webサイト上のメーリングリスト(以下メーリスと略称)である。メーリスは、坪井ゼミの場合〈仮想ゼミ空間〉として機能した。

メーリスは全情報が即座に全メンバーで共有できる利点がある。また、相手が見えない空間だけに、メーリスに発信しない沈黙のメ

ンバーはすぐわかる。

　仮想ゼミ空間であるメーリスが、坪井ゼミのチームワークの活性化、つまり協同的関係と競争的関係を実現するうえで大きく機能した。全ゼミ生が集団目標達成のために各自が都合をつけて臨機応変に協力しあう協同的関係と共に、〈あの人があれだけ頑張っているなら私も負けてられない〉という競争的関係が生まれ活性化した[5]。

　メーリスをゼミ活動の活性化に活かすために、いくつかの非公式のルールを設けた。

1. 特定メンバーとの秘密の連絡以外は、個人メンバーとの連絡もすべてゼミ全体のメーリスにアップすること。その際、発信者名、件名を必ず記載すると共に、全メンバーが理解できないよう代名詞や略語の使用は極力避ける。「あの件」とか「昨日のこと」とか当人同士にしかわからないような表現は使わない。
2. アップされたメールへの返信は、なるべく12時間以内、遅くとも24時間以内には全員が返信する。時間がない場合には「Aさん、Bです。××の件、了解。ありがとう」という簡単なものでもよい。返信メールにはねぎらいの言葉を付け加える。こうした思いやりは発信者の励みになる。「Cさん、バイセクシャルのDさんの出演決定よかったね。ご苦労さま。」さらに「私も、明日、難民の方との交渉に行きます。頑張ります。」といった言葉が付け加えられれば、累積的効果が生まれ、次の行動の呼び水になる。
3. 最も重要なことは、メーリスには、全員が全ての関連情報や意見をアップし、全員で情報を共有し、全員でコミュニケーションするという態度を共有することである。

6月後半から10月10日の開催日までのメーリスを通信履歴からカウントしてみると、6月16件、7月92件、8月288件、9月299件と発信件数が急増している。直近の2ヶ月間は、8人のゼミ生が毎日ほぼ1件（8月1.16件、9月1.25件）のメールを発信していたことになる。10月は10日間で131件だが、単純計算すると一人1日1.6件になる。こうしたメールでのやりとり件数の増加は、集団凝集性[6]を高め、社会的促進[7]の効果を生み、ゼミ生のモラールアップをもたらした。

ただ、メーリスで情報を伝える能力は、対面状況での五感を使った会話の情報量に比べて数段劣っているということを認識しておくことが大切である。従って、メーリスでメッセージの意味や感情表現を相手に正確に伝達することは難しい。正確に情報を伝えようとすると細心の注意が必要になる。さもないと誤解を生じたり、相手を傷つけることになりかねない。幸いにしてそんなケースはなかったが、われわれの場合は返信メールによる相互確認のルールが役立ったと言えるが、悪くすれば逆に全体の団結やチームワークに悪影響も与えかねないので、常時チェックする体制は必要である。

## 2.4　学生集団の成長プロセス

ヒューマンライブラリーの取り組みは、その全過程を通じて学生集団が成長し、自己教育力を発揮する過程でもあった。学生集団の自己教育力[8]は、目標管理を明確にし、自主的活動をベースにしている限り教師中心の教育に勝る教育効果を発揮する。

4ヶ月のゼミ集団の発達と成長の過程を整理すると以下のようになる。

6月～7月は、「ハネムーン期」である。学生は座学ではないフィールドワークのゼミ活動を楽しんだ。当初「本」探しの活動は

思うような成果はなかったが、学生は単に楽しい活動として受け止めていた。大学祭や文化祭の準備のようにワクワクした気分で取り組んだ時期である

　8月は、「チームづくりの過渡期」である。「本」探しの挫折は続いていたが、メーリスの利用方法などチームプレイのあり方などを反省し修正し確認しあった。この時期は、学生集団がチームとして教育的効果を上げるための基礎作り、過渡期であったと言える。その活動の総括が8月末の2泊3日の合宿である。これまでの各自の取り組み方への反省や今後の進め方について時間をかけて議論したことで、みんなの一体感が高まった。以後は学生集団がすべてにイニシアティブをもって自主的に準備作業を進めた。

　9月〜10月は、学生集団が自己教育力を発揮した「成長期」であった。区の広報誌、ケーブルTV、大学ホームページ等で開催の広報が行われ、大手新聞2紙に写真入り記事で紹介されると、どんな困難があっても成功させなければならならいという強い覚悟がゼミ生全体を支配した。もちろん、参加が低調なメンバーもいたが、他のメンバーはそれを排除でなく包摂、受容しつつ、活動を促し集団凝集性を維持発展させた。

　こうしたゼミの学生集団の自己教育力は、その後、大学祭での展示発表から報告書作成に至るまで維持され、4年次の卒論研究の集団的なサポート体制に受け継がれ機能している。

## 3．ヒューマンライブラリー実施のプロセス

### 3.1 「生きている図書館」の実施準備——ブックリストとあらすじ

　実際の「『生きている図書館』駒澤大学2010」の開催はどのように行われたか。簡単にその実施プロセスを紹介する。

図表7-2　手塚さんの「本」カテゴリー・タイトル・あらすじ

> カテゴリー：「見た目に問題を抱えた人」
> タイトル：手塚章太朗さん「見て見ぬふりをしていませんか？　ユニークフェイスという問題」
> 〈あらすじ〉「今まで顔や身体など、見えるところに病気をもった人を示す言葉がありませんでした。あったとしても『〜障がい』のようなネガティブなものになりがちだったり、医学的用語だったりしました。そこで考え出された言葉が『ユニーク（固有の）』＋『フェイス（顔）』です。僕は顔の左半分に赤い痣があるユニークフェイス当事者です。今は普通の社会人していますが、苦労もいろいろ、思う事も色々……。」(9)

　開催の準備は、「本」貸し出しのために「読者」に呈示する「本」のカテゴリーとブックリストとあらすじづくりに始まる。「本」のカテゴリーとは別に、「本」出演者に直接、「本」のタイトルを呈示してもらい、話のポイントをあらすじとして100字程度で書いてもらうことになる。たとえば、血管腫という顔アザをもつ手塚さんの場合は、図表7-2のようになる。

　手塚さんのように講話に慣れた人の場合は、本人が単独で話す内容を決めることができるが、はじめて人前で話す「本」の場合は、学生は何を中心に語ると「読者」に伝わりやすいか、一度聞いて話の中身を取捨選択する手助けをすることになる。つまり、ブックリストを作る過程で、学生は生きている「本」の編集者の役割を担ったり、図書館の司書役になったりする。

　こうした「本」への寄り添いは、学生にとっては重要な役割であった。実際、「本」予定者の方と喫茶店で半日近く話し込んだ学生もいた。こうしたサポートは「本」の不安感を取り去り安心して語れる環境を整える重要な要素である。学生自身、この事前に「本」に寄り添い話を聞くプロセスが、ヒューマンライブラリー全体の中で、マイノリティの人を理解するための最も効果的な機会に

なっていた。学生自身の偏見低減のための重要なプロセスなのである。

## 3.2 構造的状況の設定――「利用同意書」

ヒューマンライブラリーは、元来、偏見をもたれやすい人たちを集めて行われている。マイノリティである「本」出演者は、敢えてマジョリティである一般の人たちに偏見の目で見られるような恥部や弱点をさらすことになる。自然状態では偏見を助長するかもしれない危険な状況であるが、ヒューマンライブラリーはそうした偏見を生み出しやすい状況を逆手にとって、マジョリティとマイノリティの立ち位置をコントロールしてマジョリティの側の理解を促進し、偏見を低減する構造空間を巧妙に作り出しているのである。

その巧妙な仕掛けの一つは「利用同意書」である（図表7-3参照）。

この図書館の利用者は、まず「利用同意書」を読み、それに同意署名した人に「利用登録書」を作成してもらう。利用登録書には、本人の住所氏名、連絡先などの具体的な個人情報を記入してもらう。そうした手続きを経てはじめて「本」を借りる権利を入手する。

つまり、ヒューマンライブラリーは、人間を貸し出すという一見面白半分のイベントのようであるが、貸し手と借り手の認知空間を巧妙にコントロールして、マジョリティ側とマイノリティ側のパワーバランスを対等な認知空間に変換しているのである[10]。

この事前手続きは、「読者」に〈**図書館の「本」を傷つけてはならない**〉という強いメッセージを伝えることになる。

この手続きをなくすと、ヒューマンライブラリーは単なる偏見をもたれやすい人を大衆にさらす「見せ物小屋」にしかならない。見せ物小屋とヒューマンライブラリーの決定的違いは、マジョリティのパワー構造を前提にする「見せ物小屋」と、そのパワー構造を巧

```
第1回「生きている図書館」駒澤大学                              2010年10月10日
                              利用同意書

  本イベントは「寛容で多様性のある社会を目指し、普段間接的にしか知ることのできない方々との出会いの機
会を提供」し、それらの方への理解を深めてもらうことを目的に開催しております。
  「生きている図書館」のご利用にあたりましては、上記の目的、ならびに以下の利用規約への同意(署名)が必要
となります。「本」イベント開催の目的をご了解のうえ、利用登録をお願いいたします。
〈利用規約〉
1) 意図的に、「本」の方を傷つけるような言動はしない。
2) 主催者並びに「本」及び同席者に無断で会場内の撮影や録音、録画をしない。
3) 今回、「読者」として知り得た「本」の方の個人情報を許可なくブログ等、インターネット、印刷物等のメディ
   ア上に公開しない。
4) 閲読中に、「本」の方が身体的、精神的に苦痛を感じ継続困難になった場合には、途中で貸出中止となる場合
   があります。
5) その他、緊急事態が生じた場合は、「本」の貸出中止になることがありますが、その場合には、速やかにスタ
   ッフの指示に従う。
  以上の規約に反する行為を行ったと見なされた場合、利用を中止し退場して頂くことがあります。
  (この際、「「本」」の予約も取り消しとなります。)
6) 緊急事態の「本」の貸出制限について
  本イベントは、より多くの方に新たな出会いを提供するためのものです。「本」貸出希望者が集中した場合には、
1冊目の方の予約を優先し、2冊目の方の予約の方を後回しにして頂くことがあります。また、予約数が極端に増
加した場合は貸出そのものを停止する場合もありますが、その際には「ミニ講演会」(予約不要)に参加して頂きま
すようご協力をお願いします。
       ※ 利用同意書に署名された方に、読書カードを発行いたします。

  なお、記入いただいた個人情報は、本イベントの利用者登録以外に使用することは一切ございません。イベント
終了後、責任を持って廃棄させて頂きます。
                        第1回「生きている図書館」駒澤大学実行委員会

――――――――――――――― キリトリセン ―――――――――――――――

第1回「生きている図書館」駒澤大学                              2010年10月10日
                              利用同意書

  上記、本イベントの開催目的・利用規約に同意し、スタッフの指示に従いします。


       氏名(署名)
```

図表7-3　利用同意書の実例

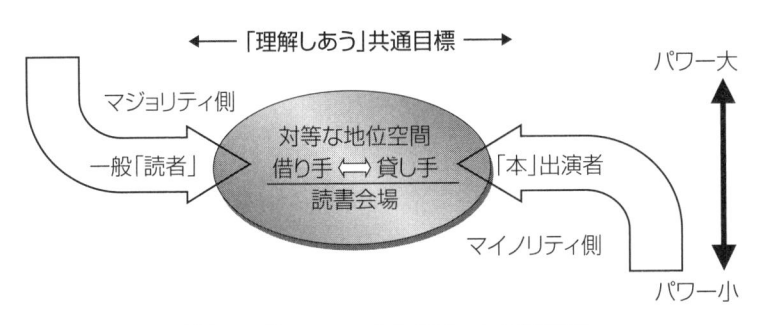

図表7-4　「ヒューマンライブラリー」の認知空間

## 3.3 「生きている図書館」の「本」貸し出しプロセス

　実際の「本」の貸し出しのプロセスをいくつかのステージに区分して説明すると、次のようになる。

第1ステージ　図書館入館の手続き

- 利用同意書に署名
- 利用登録書に記入
- 「読者」カード受領

　第1ステージは、図書館への入館手続きである。図書館への入館や「本」の貸し出しは、基本的に無料である。このステージは、先に述べたように、「利用同意書」への署名、「利用登録書」への個人情報の記入を経て、はじめて「読者カード」が発行され、読書する権利を得るという複雑な手続きを行うことで、「読者」へ生きてい

写真7-1　「生きている図書館」受付風景　　写真7-2　「生きている本」の予約票

る「本」を借りる際のマナーを求めている。

第2ステージ　貸し出し手続き

- 貸出の予約
- 予約カードを受領

　第2ステージは、「本」の貸し出し手続きである。借り手は、ブックリストとタイムテーブルを見ながら、どの「本」を借りるか決める。我々は5人までの共同読みを許可したので、その数までは借りることができる。空いていれば予約カードを受け取って、時間まで待機する。予約カードは借りた「本」情報と借りる場所と時間が書かれているので、その指示に従うだけでよい。

第3ステージ　生きている「本」の読書

- 貸し出し会場に行く
- 「本」出演者の来室
- 対話時間30分間

　第3ステージは読書場面である。読書時間は30分である。5分前に会場に入室し待機する。そこに生きている「本」がやってきて挨拶を交わし、読書が始まる。読書といっても、実際は生きている「本」が語るお話である。少数なので対話形式で遂行することもある。

写真7-3 「生きている本」の読書風景（左：大ホール／右：教室）

　黒板を使ったり、レジュメ資料を用意する「本」もいる。パソコンを使って説明することも可能である。

第4ステージ　次の「本」の貸し出し

・次の「本」を予約
・新しい予約カードを受領

　第4ステージは次の「本」の貸し出しである。30分の会話時間が終わると、退室し、受付で次の「本」を予約する。「読者」カードを呈示すると、すでに利用に同意した人であることがわかる。空いている「本」を予約し、予約カードを受け取る。以下の手続きは第2ステージ以降と同じである。多くの人に読んでほしい場合は、「本」の貸し出し制限を設けることになる。「読者」カードの回数欄に○印が記入され貸し出し回数がわかる仕組みになっている。

## 第5ステージ　読書終了後

> ・感想アンケート用紙に記入
> ・希望者は交流会へ

　第5ステージは読書終了後になる。「読者」が満足してもらえたか、改善点はないかアンケートをとる場合が多い。坪井ゼミの生きている図書館では、終了後、「本」・「読者」・主催者の懇親会風の交流会を設けた。場合によっては、もっと構造的な振り返り会を用意してもよい。これは「本」同士の交流の場としても貴重な機会になる。

　以上、生きている「本」の貸し出しの流れを説明してきたが、単独読みか共同読みか、何人の共同読みを許容するかという問題がある。単独読みには、「本」と「読者」の秘密空間が保たれるために、「読者」も「本」との共有空間が生まれ、カミングアウトしやすくなるという利点がある。しかし、単独読みは「本」貸し出し回数と「読者」数が同じ数になるために、多数の「読者」の満足を満たすことができない。結論的には3人程度までの共同読みが適切であろう。

　なお、事前の「利用同意書」の提出にもかかわらず、「本」と「読者」のトラブルも予想される。我々は、トラブルの発生に備えてタイムキーパーを兼ねた担当者を各会場近くに配置した。

　借りられる「本」には限りがあるために、当然借りられない人が出てくるが、そうした人のために無料の「ミニ講演会」を用意した。ミニ講演会は、各読書時間に合わせて、計6回実施した。講師は

「本」出演者であり、「本」としての出演の合間に講演をお願いしている。

第5ステージの読書後の交流会は任意であるが、「本」、「読者」、主催者が、それぞれのカテゴリーの垣根を越えて心を一つにした共有空間を確認できるオアシスになる。同時に、主催者にとっては「本」や「読者」の要望や改善点を非公式に聞く機会になる。

## 4. ヒューマンライブラリーの効果

### 4.1 「読者」の偏見低減に役立ったか

ヒューマンライブラリーの本来の目的は、マイノリティである「本」が抱える生きにくさを「読者」であるマジョリティの人たちが理解し、事前の思いこみや偏見を低減する機会として役立つことである。

その目的がどの程度達成されたか。これを端的に測定し評価する直接的なモノサシは用意しなかったが、「読者」は事前に「本」の生きにくさに耳を傾けようというこころの準備をして臨んでおり、彼らが「本」の話を、共感性をもって受容するという構造である。一言で言うと、「読者」がその読書体験をポジティブに受け止められれば、それだけで偏見を低減させる重要な第一歩になる。

そうした観点から「読者」アンケートの結果をみると、以下のような感想が目を引く。

〈「私たちにはまず『知る』『耳を傾ける』ことが大事なんだなと思いました。」「マイノリティの方は思ったよりも"普通"で身近な存在だと思った。」「『聞いてもいいのかな？』と思うことを直接聞ける貴重な体験」「その人個人がよく見

えてくることに感激した」「『本』やメディアを通じては聞くことのできない生の声を聞けてよかった。」〉[11]

　この感想から読み取れることは、その個人を「知る」ことが第一歩であるということへの気づき。そして彼ら個人が一人の人間としてよりよく生きるために積極的に活動をしていることへの気づき・共感を生み出していることである。

　さらに重要なことは、今まで自分たちとは違うカテゴリーの人として見ていたマイノリティの人たちと直接話をすることで、身近な一人の個人として捉え、自分と同じ"普通"の人だと思えたことである（脱カテゴリー化・個人化）。これは、まさに偏見の前提である差別的カテゴリー化の捉え直しにつながり（カテゴリー顕現化）、偏見を除去するプロセスであり、さらに自分と同じカテゴリー仲間として相手を捉えることを意味している。そして、こうしたマイノリティの人たちへの見方や考え方が変わり、理解が深まり偏見が低減されることになる（再カテゴリー化）[12]。

　また、「読者」アンケートの感想は、「すごく面白かった」「いい話を聞かせてもらった」「勉強になった」などを含めて肯定的感想が全回答者の9割以上に達していた。こうした結果を見ると、偏見の低減に貢献したことは確かであろう。

## 4.2　「本」と学生への効果

　ヒューマンライブラリーの意図は、「読者」のみならず、「本」及び主催者の学生への効果も大きい。

　学生は、「本」との接触過程で「本」への共感性を高め出演を要請しなければならない。これまでの人生で生きにくさを抱えた「本」が、にわかに自己の弱さや弱点をさらけ出すことはできない。

現状を乗り越えて積極的に生きようとする「本」の気持ちを忖度し、自己開示して語ることを支援する学生は、「読者」以上に「本」を理解する存在でなければならない。

「本」の側に立ち、寄り添う役割取得そのものが、学生の偏見低減への態度変容の過程であり、実際、彼ら自身大きな内面の変化をもたらしていた。

学生は、感想文に次のように書いている。

〈何よりも、大きかったのは「本」の方と出会えたことです。……（中略）……この「生きている図書館」を経験したあと、現在ではもっと相手のことを「知りたい」という気持ちが強くなり、人が好きになりました。「本」の方と真正面から向き合って、その人のことを「知ろう」としたからではないかと思います。〉

〈何度も「生きている本」の方々と会って話をしている内に自分がそれまで辞書に載っているような知識だけで物事を判断していたことに気づかされました。……（中略）……誤解や偏見は悪意からではなく、考えないということから生まれるもので、自分もそんな誤解や偏見をもった一人だったのだと感じました。〉[13]

また、「本」の方々も、「本」の体験が、自信と勇気をもつ機会にもなっている。「本」の人たちは、「本」を体験してよかったこととして、次のような感想を述べている。

〈さまざまな人と出会えたこと。「本」として一般の方とジャンルを越えて共通認識が生まれたこと〉〈一般の方の考

えも気軽に聞けたこと。普段は尋ねられない、機会がないですから。〉〈聞き手の反応がすぐに受け取れた〉〈「本」をやる事になって、自分自身の自信がもてたように思う。〉〈真剣に聞いてくださる「読者」がいた事で、自分の気持ちや想い等を、自分自身でも強く再認識でき「過去をふりかえる＆これからがんばる」心が高まった〉[14]

 ともすれば「本」の立場を固定化して、一方的に「読者」側にのみ偏見の低減の態度変容を求めがちであるが、「読者」との出会いが「本」自身にも態度変容を生み出し、新たな希望のきっかけにもなる点が見逃がしてはならない。「本」がこのイベント参加を通じて、「読者」や主催者と出会うことで切り開いた共生への新たな地平は、彼らの人生に新たな自信を生み出す機会になっている。

 そう考えると特定の「本」だけのイベントでなく、より多くの新しい「本」の方がこのイベントに参加し勇気をもって自己開示することに大きな意義を見いだすことができる。主催者には一層の困難が加わるが、新しい「本」の方々を発掘し寄り添い励まし、偏見の低減に希望を見いだす手助けをすることも、このイベントの使命になるだろう。

## おわりに——ヒューマンライブラリーのすすめ

 これまで駒澤大学坪井ゼミの「第1回『生きている図書館』駒澤大学 2010」の取り組みを中心に紹介してきたが、直接的な偏見の低減効果以外の教育的効果について、もう一度整理すると、以下のようにまとめることができるだろう。

1. **教室の座学では得られない有意義な他者との出会いの経験から学ぶことができる。**

「本」探しのプロセスは、初対面の社会人に会って、自己の目的やねらいを説明し相手に協力してもらう交渉過程である。ここでは真摯な態度でマイノリティの方々への共感を大切にしつつ、その意義を説明できる対人スキルが求められる。

2. **「本」に寄り添い事前に話を聞く過程は、「本」の最良の理解者になることを意味する。**

編集者として内容を整理し、図書館の司書として「本」を理解することは、日頃出会うことの難しいマイノリティの人生に直接学ぶことであると共に、自らの人生を反省的に捉え、自分の人生をより豊かにする機会になる。これは実践的な取り組みであり、偏見の低減が自然に生まれ高い効果が期待できる。

3. **社会的責任を伴う公的イベントを通してチームプレイの行動規範を学ぶことになる。**

個人行動が多くグループワークを学ぶ機会が乏しい現代学生にとっては、社会的責任を伴うチームプレイは、その楽しさと難しさを実践的に学ぶ機会になる。さらに学生集団の自己教育力は、結果的にゼミの教育的効果を高める。

4. **ファンドレイジング（協賛金集め）は、他者の協力を得る難しさを体験するセールストークの実体験である。**

出演料無料のイベントとは言え、運営にはお金がかかる。広報を兼ねた協賛金集めは、実際やってみると労多くして益少ない実践である。会社の飛び込み営業に近いセールストークが必要であり、その成果は金銭の額として表現される。「本」探しの「共感性」をベースとした交渉とは異なる対人スキルがここでは必要となる。

5. **以上のように多様な効果をもつヒューマンライブラリーの実践**

は、学生集団の自己教育力・社会人基礎力[15]・就業力等を
アップさせる潜在的機能をもっている。

坪井ゼミの場合、イベントの実践だけでなく、その後、KJ法[16]
によるまとめや大学祭での展示報告、最後に実践報告書の作成など
を通してふりかえりの機会を何度ももった。特に実践報告書の作成
は、自分たちの実践を文章にまとめるという意味で、学生のレポー
ト作成能力のアップにつながる重要な学びになっている。

以上のように多くの教育的効果が期待できるが、同時に社会的責
任とリスクを伴う実践活動である。従って指導する教員にある程度
覚悟がないと取り組むのが難しいのも事実である。しかし、どのよ
うに実践しなければならないという既定の約束事はあまりないイベ
ントなので、実情に応じてそれぞれが工夫してもよいだろう。

但し、一見「見せ物小屋」のように見えるヒューマンライブラ
リーの面白さ、危うさがありながら「見せ物小屋」とは区別される
明確な一線があることに特に留意する必要がある。そのためには
「偏見の低減」や「多様性へ寛容な社会の実現」などを明確な使命
をもって実施すべきであろう。

我々はその使命に従って自らの開催条件を 1. 特定の団体のプロ
パガンダにしない。2.「本」の出演料[17]も「読者」の参加費も基
本的に無料とする。3. 複数のカテゴリーの『本』を揃えることと
した。実際、リビングライブラリー日本事務局[18]もこうした方針
を貫いて実施している。但し、場合によっては、3つ目の条件を満
たさない開催、単一カテゴリーの専門図書館（たとえば、性的マイノ
リティだけ）の形式があってもよいように思う。それもヒューマン
ライブラリーの一つのあり方であり、可能性を広げる試みになるだ
ろう。

【注】
(1) 大学のゼミ活動として実施した例は、2009年12月に実施した明治大学国際日本学部横田ゼミが最初である。坪井ゼミは2番目の実施である。その後、2010年10月末には獨協大学外国語学部工藤ゼミが実施している。なお、坪井ゼミの実践は、駒澤大学社会学科坪井ゼミ26期生一同『共同研究リビングライブラリーの可能性を探る——実践報告：第1回「生きている図書館」駒澤大学2010 ——』駒澤大学文学部社会学科坪井健研究室、2011年2月、としてまとめて公刊している。本稿はその実践報告書を参考にしている。明治大学横田ゼミ、獨協大学工藤ゼミの取り組みについては、後述の参考文献を参照のこと。
(2)「高大連携」とは、狭義には「大学における学修を高校の単位として認定する制度」を指し、広義には「高校と大学の連携のもとに行われる教育活動」を指すが、ここでは後者の意味で使っている。
(3) 現在は、デンマークの本部ではHuman Libraryという名称が使われているが、当時はまだLiving Libraryが主流であった。その経緯については前章を参照されたい。ここでは固有名詞としては「生きている図書館」、一般名称としてはヒューマンライブラリーとして記述する。
(4) 東京大学はリビングライブラリーという名称で、2010年6月4・5日に第2回目を開催した。その後も毎年2回程度開催している。
(5)「競争的又は協力的選択を導く要因」については、利得行列の構造、信頼感、返報性、原因帰属、コミュニケーションなどが挙げられるが、このケースの詳細な分析は省略する。末長俊郎・安藤清志（1998）『現代社会心理学』東京大学出版会、160-162を参照のこと。
(6)「集団凝集性」（group cohesiveness）とは、集団のまとまりを示す概念であり、成員を集団にとどまらせる力の総体とされる。
(7)「社会的促進」(social facilitation)とは、他者の存在（共行為効果・観客効果）で個人の行動が促進される現象を指す。この場合は、メーリスによって共行為効果が促進されたと考えられる。
(8) 筆者と同様に「学生集団の自己教育力」の重要性に言及するのは藤沢法暎である。彼は「……体験学習の機会を豊富にし、コミュニケーションを活発にする教育の工夫をすれば、日本の若者にもっと元気が出てくるはずだ」と指摘する。藤沢法暎「大学改革　学生交流の場の整備から」『朝日新聞』

2003.10.6 朝刊。
(9) 『共同研究リビングライブラリーの可能性を探る』付録、21。
(10) オルポート（Allport, G. W., 1954=1968）は、集団間の接触が偏見の低減をもたらす必要条件を4つ（対等な集団地位・共通する目標・集団間の協力・権威による支援）挙げているが、ヒューマンライブラリーの構造は、この条件を巧妙に達成する仕掛けになっている。偏見の低減に関する社会心理学理論の詳細については、本書の第4章を参照のこと。
(11) 『共同研究リビングライブラリーの可能性を探る』51-52。
(12) ペティグリー（Pettigrew, T. F., 1998）は偏見の低減に果たすカテゴリー化の「三段階モデル」（①脱カテゴリー化・個人化、②カテゴリー顕現化、③再カテゴリー化）を呈示しているが、ヒューマンライブラリーは、これが達成される巧妙な仕組みになっている。詳細な理論的考察については第4章を参照のこと。
(13) 『共同研究リビングライブラリーの可能性を探る』113-114。
(14) 同上、57。
(15) 「社会人基礎力」は経済産業省が提唱する学生のスキルアップの取り組みである。坪井ゼミ3年（27期）生は2011年11月21日に開催された「社会人基礎力育成グランプリ2012関東地区予選大会」（主催：日本経済新聞社デジタル営業局）に〈高大連繋の地域貢献イベント「生きている図書館」開催を通じての社会人基礎力の育成〉というテーマで参加し準優秀賞を獲得した。詳細は経済産業省のWebサイトを参照のこと。http://www.meti.go.jp/policy/kisoryoku/index.htm

詳細は、駒澤大学文学部社会学科坪井ゼミ27期生一同（2012）『共同研究第2回生きている図書館@駒澤大学＆駒大高校——高大連携と震災支援を絡めた地域貢献イベントとして——』駒澤大学文学部社会学科坪井研究室を参照のこと。
(16) 「KJ法」とは、川喜田二郎が考案した情報を整理する技術である。川喜田二郎（1967）『発想法』中公新書参照。
(17) 「本」の出演料は通常無料だが、「本」の方の交通費と昼食用弁当を主催者側で用意している場合が多い。
(18) リビングライブラリー日本事務局は、東京大学先端科学技術研究センター内にある。

【引用・参考文献】

Allport, G. W. (1954) *The nature of prejudice*, Cambridge, Mass: Addison-Wesley（G・W・オルポート著、原谷達夫・野村昭訳（1968）『偏見の心理』培風館）

Pettigrew, T. F. (1998) "Intergroup contact theory." *Annual Review of Psychology*, 49

安藤清志（1998）「協同と競争」末長俊郎・安藤清志『現代社会心理学』東京大学出版会

上瀬由美子（2002）『ステレオタイプの社会心理学――偏見の解消に向けて――』サイエンス社

岡隆・佐藤達哉・池上知子編（1999）「偏見とステレオタイプの心理学」『現代のエスプリ』第384号、至文堂

川喜田二郎（1967）『発想法――創造性開発のために――』中公新書

駒澤大学文学部社会学科坪井ゼミ26期生一同（2011）『共同研究リビングライブラリーの可能性を探る――実践報告：第1回「生きている図書館」駒澤大学2010――』駒澤大学文学部社会学科坪井研究室。下記Webサイト上でも閲覧できます。http://home.u00.itscom.net/tsuboi/news/livinglibrary_report.html

駒澤大学文学部社会学科坪井ゼミ27期生一同（2012）『共同研究第2回生きている図書館＠駒澤大学＆駒大高校――高大連携と震災支援を絡めた地域貢献イベントとして――』駒澤大学文学部社会学科坪井研究室

斎藤勇編（1987）『対人社会心理学重要研究集　1. 社会的勢力と集団組織の心理』誠信書房

斎藤勇編（1987）『対人社会心理学重要研究集　3. 対人コミュニケーションの心理』誠信書房

獨協大学外国語学部工藤ゼミ（2011）『獨協大学リビングライブラリー――日頃気付かない自分に気付こう――』獨協大学外国語学部英語学科工藤和宏研究室

藤沢法暎（2003）「大学改革　学生交流の場の整備から」『朝日新聞』2003.10.6朝刊

明治大学国際日本学部横田ゼミ（2010）『Living Library at Meiji University 2009 ――この一日で一生の見方を変えて見ませんか――』明治大学国際日本学部横田雅弘研究室

# 8 偏見低減に向けた地域の取り組み
## ——オーストラリアの　ヒューマンライブラリーに学ぶ [1]

**工藤和宏**

## はじめに

　2000年にデンマークのロスキレ音楽祭でStop Voldens（英語名：Stop the Violence）というNGOが始めたヒューマンライブラリー。2011年9月末現在、世界65ヶ国で行われているが、オーストラリアがとくに熱心だ。ヒューマンライブラリー本部のホームページ [2] を見ると、「ヒューマンライブラリーズ・オーストラリア」という、オーストラリア独自のページ [3] があることがわかる。これを開くと、最上段には「共に地域を創るための国家戦略」[4]、その下には「対話に次ぐ対話で地域をつなぐ」[5] と書かれている。さらに読み進めると、2006年11月3日にニューサウスウェールズ州リズモー（Lismore）の市立図書館でオーストラリア初のヒューマンライブラリーが行われ、その翌月から現在まで、ここで毎月行われていることがわかる。

　2010年10月31日。30名の大学生と私は、3ヶ月間の準備ののち一日限りのヒューマンライブラリーを行った（工藤, 2011; Kudo et al., 2011）。それだけでも苦労続きだったのに、毎月同じ図書館でヒューマンライブラリーを運営しているのは、さぞかし大変だろう。どんな人たちがどんな理由で、しかも毎月運営しているのだろうか。「共に地域を創るための国家戦略」とはどういう意味なのだろうか。

写真8-1
photograph courtesy of Lismore's Human Library collection, Australia

日本とオーストラリアのヒューマンライブラリーには、運営の目的や方法に何か違いがあるのだろうか。日本での私たちの経験を土産に、リズモーの人たちと意見交換をしてみよう。

2011年3月2日。5名の代表学生と私は、リズモーに降り立った（写真8-1参照）。

本章は、2011年3月上旬に行った現地でのインタビュー調査をもとに、(1) リズモー・ヒューマンライブラリーの設立からヒューマンライブラリーが「国家戦略」になった経緯、(2) リズモー・ヒューマンライブラリーの現状と課題、(3) リズモーとの比較のために訪問したシドニー郊外のオーバン（Auburn）でのヒューマンライブラリーの展開を紹介したい。2つの異なる地域の取り組みについてヒューマンライブラリーの運営者や専門家の声に耳を傾けながら、偏見低減や多様性に開かれた地域づくりの意義と方法について考えてみたい。

## 1. オーストラリアにおけるヒューマンライブラリーの広がり

リズモーは、ニューサウスウェールズ州最北部のリッチモンド川流域に位置し、学生数1万2千のサザンクロス大学を擁する人口約4万人の学園都市である（図8-1参照）。この町に到着した私たちを迎えてくれたのは、国籍、民族、宗教、言語、性、身体、職業など、さまざまな背景をもった人々が共に豊かに暮らせるよう、地域の結

第 8 章　偏見低減に向けた地域の取り組み

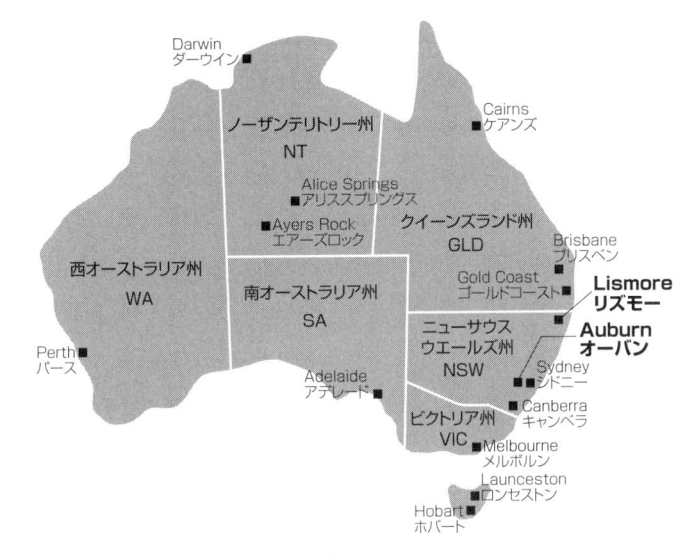

図 8-1

束力を信じて行動する人々であった。本節では、ひとつの地方都市でのヒューマンライブラリーがどのようにして始まり、それがどのようにして「共に地域を創るための国家戦略」へと発展したのかについて紹介したい。

　オーストラリアのヒューマンライブラリーは、リズモーに住む地域活動家のサビーナ・バルトゥルヴァイト（Sabina Baltruweit）氏がオランダでのヒューマンライブラリーを紹介した新聞記事[6]を読んだことから始まった。今から 25 年ほど前にドイツからオーストラリアに移住したバルトゥルヴァイト氏は、人類がホロコースト[7]のような破壊的な結末を繰り返さないよう、不寛容や人種差別と真摯に向き合う機会をもつことが重要であると考えていた[8]。この記事を読んで思わず涙が出たという彼女は、自身の論文のなかでヒューマンライブラリーの魅力を次のように述べている。

一人ひとりが互いの差異を超えて共に平和的に暮らすことは大切だが、残念ながら、それは自然に成り立つのではなく、あらゆる機会で育まれる必要がある。ヒューマンライブラリー[9]は、驚くほど単純な方法で一人ひとりを結びつけ、奇抜な、しかし非常に強い力で人々の間の壁を壊し、ステレオタイプに疑問を投げかける。人種差別や外国人嫌いを低減または防止するのに役立つのである。ヒューマンライブラリーは、多様性を祝うと同時に、多様性の尊重と理解を促進させるのである。(Baltruweit et al., 2007, pp. 2-3)

地域や社会に存在する否定的なステレオタイプについて敢えて対話することによって、人々の偏見を減らし、さまざまな集団に属する人々の関係を改善させたい。彼女はこの思いを当時リズモー市議会に勤めていたショーナ・マッキンタイヤー (Shauna McIntyre) 氏に伝えると、ほどなくして彼女に賛同するマッキンタイヤー氏やリズモー市民らとともにヒューマンライブラリー運営委員会を立ち上げた。地域住民とリズモー市議会、さらに、ヒューマンライブラリーの会場となるリズモー市立図書館の三者が協力して運営する、オーストラリア初のヒューマンライブラリー・プロジェクトの始まりである。マッキンタイヤー氏は、当時の社会状況を次のように説明してくれた[10]。

　当時の[ジョン・ハワード]首相は、他の国々の政治家たちもそうであったように、イスラム教徒を悪者扱いしていました。私たちの地域に恐怖を煽っていました。「この国に人々がやってくるが、我々は彼らのことを知らない。だから、この国にやってくる人々を我々は止めなければならない。」こ

> うしたレトリックは、とても痛ましく破壊的で、実際に人々の分断を作り出します。人々が他人を恐れる結果をもたらすのです。自分の政治目的のために、それを利用する政治家がいるのです。したがって、このような影響力のある考え方に対抗するための、「抗議」の実践が重要だったのです。

　他者への恐怖心を煽る政治への「抗議」の意味合いもあったヒューマンライブラリーの立ち上げは、その意義を地域に広めるところから始まった。まずは、両親がレバノン出身で当時人気のあった州議会議員のトーマス・ジョージ氏を後援者として擁立し、同氏に当日の「開館」宣言とともに、「生きている本（Living Book）」（以下、「本」）としての参加を依頼した。また、リズモー市長、市議会議員、サザンクロス大学学長など、地域の役職者にも参加を呼びかけた。さらに、運営資金として5千豪ドル（約40万円）を市議会から提供してもらい、残りの経費は地域住民からの寄付や現物支給で補った。そして、「本」探し、「本」へのオリエンテーション、運営のための道具の作成、地元新聞やラジオによる地域への広報などの準備が運営委員会によって進められた。

　2006年11月3日。この日にオーストラリア初のヒューマンライブラリーが開催された。「本」は、ジョージ議員や地域の役職者をはじめ、難民、先住民族、宗教家、障がい者、環境運動家、HIV患者、性的マイノリティ、警察官など30人が揃った。午前10時から午後3時までに170人がリズモー市立図書館を訪れ、80人の「読者」による延べ120回の「読書」が行われた（Baltruweit et al., 2007; Kinsley, 2009）。運営委員会としては、十分な数の読者が当日に来てくれるかどうかが不安であったが、「この日が終わる前には、何人もの人が私のところに来て、次はいつ行うのかと聞いて

くれた」(マッキンタイヤー氏)という。多くの「読者」にとって、「本」との対話は、しばしメディアによって描かれる「異なる人々」への否定的なイメージを変え、共感を作り出すよい機会になったという。また、「自分が『本』になったことで、この町の一員であることを初めて実感することができた」(マッキンタイヤー氏)と話す人もいたという。我々とのインタビューのなかで、バルトゥルヴァイト氏は目に涙を浮かべながらこの日の様子を「リズモーの人々はもともと親しみやすいけれども、より深い次元で人と人がつながることができた」と語った。

　リズモー市立図書館では、この「第1号」の成功から現在まで、毎月第一金曜日の午前11時から約2時間、ヒューマンライブラリーが行われている。金曜日の昼に実施されているのは、仕事がある人も昼休みに参加できるようにするためだという。なお、リズモー・ヒューマンライブラリーの立ち上げから半年余りは、バルトゥルヴァイト氏とマッキンタイヤー氏を中心とする地域住民が運営していたが、その後は、運営の効率性やイベントの継続性の確保の点から、リズモー市立図書館の司書であるルーシー・キンズレー (Lucy Kinsley) 氏が運営を引き継いでいる。

　以上のリズモーでの成功をうけて、ヒューマンライブラリーは、瞬く間に全国展開した。図書館どうしのつながりや地域を越えた宣伝や口コミによって、実施数が著しく増加した。「第1号」から2年が経過した2008年11月までに、全国で70回を超えるヒューマンライブラリーが実施された。リズモー市立図書館のキンズレー氏によると、多くの問い合わせや講演依頼が来て、ヒューマンライブラリーはまさに「驚くべきスピードで発展した」という。「ヒューマンライブラリーズ・オーストラリア」のホームページを見ると、今では全国約40箇所でそれぞれ月1回から年1回の頻度で定期的

に開催されていることがわかる。

　また、2007年9月、リズモー市立図書館は同市議会を通じてオーストラリア連邦移民市民権省（Department of Immigration and Citizenship）が推進する「調和的生活プログラム」[11]として、「国家的リビングライブラリー推進戦略」[12]のための助成金を申請し、15万豪ドル（約1,200万円）を獲得した（Baltruweit et al., 2007）。ヒューマンライブラリーは、多文化社会における図書館サービスの可能性を広げるとして、政策決定者の間で好意的に受け止められたのである。3年間のこの補助金によって、ヒューマンライブラリーに関する情報提供や運営者のネットワーキングを促進するための「リビングライブラリーズ・オーストラリア」というホームページが作られた。また、当時唯一の運営の手引であった欧州評議会（Council of Europe）発行の *Don't judge a book by its cover!*（『本を表紙で判断しないで』）（Abergel et al., 2005）のオーストラリア版（一般用と子ども用の2種類）が作成され、このホームページに掲載された。

　現在、「ヒューマンライブラリーズ・オーストラリア」のホームページは、全国約6千の図書館と個人の会員を擁するオーストラリア図書館協会（ALIA）が管理している。このホームページの完成をもって、オーストラリアにおけるヒューマンライブラリーの発展は一段落したのである。ALIAの関与は、安全で自由な雰囲気のなかで対話するヒューマンライブラリーの方法論と、「安全で誰もが無料で入れる開かれた空間である」（スー・ハトレー［Sue Hutley］ALIA会長）図書館の概念が一致したことの象徴と言えるかもしれない。

　ただし、オーストラリアにおけるヒューマンライブラリーの将来について、現存する数少ない研究論文（Garbutt, 2008）を執筆したロバート・ガーバット（Robert Garbutt）氏に尋ねたところ、オーストラリアでの発展は「すでにピークを迎えたかもしれない」という。

これは一体どういうことなのか。次にリズモーの今を見てみよう。

## 2．リズモー・ヒューマンライブラリーの今

写真 8-2

Kinsley, L. (2009). "Lismore's Living Library: Connecting communities through conversation." *Aplis*, Vol. 22 (1), p. 21. より

2011年3月4日。5名の学生と私は午前11時から2時間ほど行われた、毎月恒例のリズモー・ヒューマンライブラリーに参加した。この日の「本」は、難民、修道女、同性愛者、視覚障がい者、脳性麻痺患者などの10名である。対話は一対一が基本だが、来場者数によっては、一度に3、4名が「読書」する時もあるという。「読者」が未成年である場合は、対話が困難になる場合を考慮して保護者や教師が付き添う。対話空間は50名程度が入る大部屋が10程度の敷居によって分けられ、各空間には椅子が2、3個向き合うように置かれている（写真8-2参照）。それぞれの対話時間は30分が基本だが、この日は来場者があまり多くなかったため、次の「読者」が現れるまで延長されることが多かった。受付がある市立図書館の入口付近では、ジュースやお菓子・ケーキなどが無料で提供され、「本」どうしや、「本」と「読者」が終始談笑していた。

リズモー・ヒューマンライブラリーの対話形式は、これまで私が日本で経験してきたものとほぼ同じである。「読者」である私は、「司書」のガイダンスに従い、多様な種類の「書名」（物語のタイトル）とその概要が書かれた「ブックカタログ」を見ながら「本」を選び、対話室へと向かう。そこでは「本」との挨拶にはじまり、「本」の「物語」を聴き、時に私が質問をする。一方、「本」からは、

なぜ自分を「本」として選んだのか、自分の「物語」についてどう思うのかといった質問を受けることもある。生活するなかで「本」が受けた差別や偏見のまなざし、親類や友人との関係、現在の職業、あるいは、私が日本から来たこともあり、日本とオーストラリアにおける偏見や人々の暮らしについてなど、話題は多岐に亘った。そして、対話を終えると私は対話室を去り、次の「読書」のために再び受付の「ブックカタログ」を見た。

　一方、運営については、2つの相違点があった。ひとつは、リズモーでは、日本の多くのヒューマンライブラリーのように「読書」後に「本」が別室（控え室）に帰り、「本」と「読者」が物理的に離れることはない。軽食を囲んで「本」どうしや「本」と「読者」が一緒に寛ぐのである。差異によって人と人を分離させるのではなく、差異のある人どうしを結びつけることが大切であること、そして、ヒューマンライブラリーはその点で非常に有効であることを気づかせてくれる光景である。マッキンタイヤー氏は言う。

　　障がい者、先住民族、老人、若者、難民などのために、それぞれ別々の日に集会が行われることがあります。私も以前はこうしたイベントは素晴らしいと思っていました。しかし、これらは、実際には自分達が何をしているのかを理解しないまま、お互いの分離を強化していたのです。一人ひとりの差異を主張していたため、地域としてまとまることがなかったのです。しかし、ヒューマンライブラリーは、リズモーにいる「我々」が同じ所に所属し、互いに話す必要性を感じさせてくれるのです。社会的地位が最も高い人から最も低い人まで、皆が同じ部屋に集まるのです。このようなことは、かつてはありませんでした。ヒューマンライブラリーは、多様性

のなかにも我々が皆人間であることを自覚させてくれるのです。

もうひとつの違いは、リズモーでは「第1号」から現在まで毎月継続されていることである。継続性が高い地域密着型のヒューマンライブラリーは地域住民の連帯意識を高め、ステレオタイプの改善や偏見の低減において、口コミによる「波及効果」(Garbutt, 2008; Kinsley, 2009)を生んでいるという。キンズレー氏からは、次のような事例が紹介された。

> ある老婦人がヒューマンライブラリーに来ていました。この時は1冊を除いてすべての「本」が借りられていました。同性愛の男性の「本」だけが空いていたのです。私は彼を借りようか迷っていた彼女にこう言いました。「今は1冊だけ空いています。彼はゲイです。彼は素晴らしい『本』です。彼は本当に興味深いですよ」。その後、彼女は彼ととてもよい時間を過ごし、後日、自分の教会の仲間たちに自分の「読書」経験を語ったのです。

キンズレー氏によると、毎月15人程度の「本」が揃うことで、偏見の低減だけではなく、図書館利用者の学習資源としての効果も見られるという。また、地元の新聞やラジオ番組には、翌月のヒューマンライブラリーに参加する「本」の紹介コーナーが設けられている。リズモーでは、ヒューマンライブラリーは「もうひとつの図書館」(キンズレー氏)として定着しているのである。

ただし、ヒューマンライブラリーの効果については、2つの点から冷静に評価する必要がある。ひとつは、対話の効果や口コミによ

る波及効果が十分にまだ検討されていないことである。ヒューマンライブラリーの効果は、自分のステレオタイプへの気づきや自分とは異なると考えていた「他者」との関係の変化など、主観的な変化として意味づけられる傾向がある（工藤, 2011；Kudo et al., 2011）。対話がもつとされる偏見低減の客観的な効果とその持続性については、社会心理学や文化理論などに基づいた組織的な評価研究が必要である（Garbutt, 2008）。

もうひとつの問題は、新しい「読者」の獲得に困っていることである。学生と私がリズモー・ヒューマンライブラリーに参加した時に思ったのは、まるで「社交クラブ」（マッキンタイヤー氏）のように、「本」や「読者」の多くが互いに顔見知りであったことである。リズモーの街中を歩いていて、「なぜリズモーに来たのか」と地元の人に尋ねられ、「ヒューマンライブラリーを経験・調査しに来た」と言っても反応が鈍いことが多かった。ヒューマンライブラリーの存在を知らない人も多いようであった。社会の多様性や偏見について、「『改心』されていない読者に来てもらいたい」というマッキンタイヤー氏やバルトゥルヴァイト氏の願いを実現させるためには、新しい人に「読者」として来てもらうための何らかの工夫が必要であるように思えた。

とくに、人口わずか4万人という町の規模は、毎月ヒューマンライブラリーを実施する意義を考えるうえで重要である。「第1号」の時にリズモーの人々が実感したという、地域がつながる「特別な感覚」は、先に紹介した不法移民や難民への排斥ムードへの抵抗という当時の社会状況や、ヒューマンライブラリーというイベントの斬新さが生みだした高揚感とも関係していたのかもしれない。「ヒューマンライブラリーは、もはや特別ではない」「ヒューマンライブラリー・プロジェクトは活気を失いつつある」「リズモーは毎

月実施が必要なくらい大きな町ではない」など、今の状況を懸念する声は、ヒューマンライブラリーは人々のニーズに支えられながら常に新鮮さを求める性質をもっていることを示唆する。

　それでは、リズモー以外の町ではヒューマンライブラリーはどのように展開されているのだろうか。人々のニーズと新鮮さの必要性に応えながら、効果的に運営を続ける方法はあるのか。学生との1週間のリズモー滞在を終えた私は、ガーバット氏の勧めに従い、非常に面白い試みをしているというオーバン市立図書館司書のジェン・マーティン（Jenn Martin）氏と、研究者として同図書館に協力しているターニャ・ドレッハー（Tanja Dreher）氏を訪ねた。

## 3．オーバン・ヒューマンライブラリー

写真8-3　オーバンにあるモスク
Auburn Gallipoli Mosque

　オーバンは、ニューサウスウェールズ州の州都シドニーの中心から西へ19キロに位置する、人口約7万人の商工業都市である（図8-1参照）。住民の大半が英語母語話者で都会から移住してきた多くの富裕層を抱えるリズモーとは異なり、オーバンには非英語母語話者の移民や難民、経済的に恵まれていない住民が多い。イスラム系住民も多数おり、モスクが建てられている（写真8-3参照）。日常的に使われている言語数はオーストラリアで2番目に多く、オーバン駅周辺の商業地区では、中国語、ベトナム語、アラビア語、

トルコ語などで書かれた標識や看板がみられた。駅から歩いて3分ほどにあるオーバン市立図書館には、英語に加えてこれらの言語の本が多数陳列されていた。

オーバン市立図書館を訪問した私は、数日前に行ったドレッハー氏とのインタビューを回想しながら、同図書館の司書であるマーティン氏に約1時間のインタビューを行った。残念ながら、この日はヒューマンライブラリーが行われていなかったが、マーティン氏よりオーバン・ヒューマンライブラリー開始の経緯と現在の取り組みについての詳しい説明を聞くことができた。本節では、オーバン・ヒューマンライブラリーの目的、対話の効果についての理論的な説明、対話の効果を上げるための実践例を紹介したい。

オーバン・ヒューマンライブラリーが始まったのは、2007年12月である。オーバン市立図書館で地域交流の担当をしていたマーティン氏が、多様な文化的背景をもつ患者を抱える地元の病院から、病院スタッフの研修としてヒューマンライブラリーを実施できないかとの問い合わせを受けたのがきっかけである。その前年には、リズモー市立図書館のキンズレー氏が数名の「本」ともにオーバン市近郊の図書館を訪れ、ヒューマンライブラリーに関する講演会を行っていた。この講演を聴いていたマーティン氏は、これならば地域の人々のニーズに応えながら運営できると感じたという。そして、第1回を終えた翌年からは不定期にヒューマンライブラリーを実施、2009年からは2ヶ月に1回、2010年以降は毎月実施している。

オーバン・ヒューマンライブラリーの意義と目的についてのマーティン氏の説明は次のとおりである。

> ここでのヒューマンライブラリーは、いわゆる文化交流という側面に焦点を当てています。なぜなら、一人ひとりが多

> 様な背景をもっているからです。多様性について話すことは一見すると滑稽に見えますが、「傾聴 (listening) のモデル」に従いながら、一緒に座って対話することの学習効果を、他者理解という点から見ています。また、私たちはヒューマンライブラリーが安全な空間であることも重視しています。

リズモーの場合と同様に、対話を通して文化的に異なる他者を理解することと、地域住民をつなぐ安全な空間を提供することを重視していることがわかる。

また、「傾聴のモデル」は、反人種差別戦略について研究しているドレッハー氏が提唱したものである (Garbutt, 2008)。彼女によると、ヒューマンライブラリーは、社会のなかで周縁化されている人々が、メディアではなく、対面的な状況で自らを表象できる点で優れているという。政治キャンペーンや講演会など、偏見や差別に抵抗するための従来の方法では、差別を受けている当事者が声を上げる・話すことが重視されてきたのに対して、ヒューマンライブラリーは、聞き手に「傾聴」を求めるところに特徴があるという。傾聴がもつ可能性については、「リスク」と「責任」という言葉を使って次のように説明してくれた。

> ヒューマンライブラリーが行っていることの一つは、日ごろ周縁化され誤解を受けている語り手が抱える「リスク」の一部を、聞き手に転換させることです。実際、私が初めてヒューマンライブラリーを経験した時に興味深いと思ったのは、「本」を選んでいる時に自分が何をしているのか、自分がどれだけ不確実な状況にいるのかを意識したことです。誰を「本」として選ぶべきなのか。選ぶという行為は自分に

とってどういう意味があるのか。自分が何も知らない事柄の「本」を選ぶべきなのか。それとも、自分が好きな事柄の「本」を選ぶべきなのか。また、「本」と対面すると私はすぐに「責任」を感じました。聞き手は単に受け身でいることはできません。相手を気遣い、会話に関わる必要があるのです。こうした力学は、社会のなかで周縁化されてきた人々の「痛み」について取り上げるべきだと言われながらも、あまり行ってこなかった従来の異文化トレーニングのようなものとは異なります。

　以上のような「リスク」と「責任」の力学を自覚したうえで、オーバン・ヒューマンライブラリーは、「偏見とステレオタイプの低減」という明確な実施目的を設定し、それに合わせた構造的な運営を心がけているという。「プロジェクトを始める前に、その目的を知らなければなりません」と話すマーティン氏は、私とのインタビューのなかで、「本」のトレーニングの徹底と最近とくに力を入れているアウトリーチ（図書館の外での活動）の重要性について、具体的な方法を紹介しながら語ってくれた。

　まず、「本」のトレーニングについては、オーバン市立図書館では「本」と運営スタッフが一緒に昼食をとりながら約3時間かけて行っている[13]。ヒューマンライブラリーの目的、傾聴の長所、よい物語の作り方、「読者」からの質問への対応の仕方などを「本」に説明をしたのち、少なくとも5分間のロールプレーを行い、その評価と改善点について話し合う。とくに重要なのは、「読者」が「本」との対話に集中できるよう、「読者」の緊張をほぐすような対話の入り方である。ロールプレーでは、この部分をよく練習するという。

ヒューマンライブラリーの成功の鍵を握るのは、「本」の質である。そこで、よい「本」とは何かをオーバンとリズモーそれぞれの関係者に尋ねたところ、「ヒューマンライブラリーの目的を運営者と共有し、人の話をよく聞くことができる人」（ドレッハー氏）、「読者からのいかなる質問にも対応できる人」（ドレッハー氏、キンズレー氏）、「ヒューマンライブラリーは日常を生きる生活者としての物語を共有することが重要なので、特定の政治的・宗教的イデオロギーを『読者』に教化しようとしない人」（キンズレー氏）という回答であった。どちらの図書館も「本」のトレーニングを重視しているが、ドレッハー氏の助言が反映されているオーバン・ヒューマンライブラリーの方が構造的に運営されている印象を受けた。実際、オーバンでは、実施目的を意識した運営をするため、ヒューマンライブラリーの参加に積極的な約20名の「本」と、運営方針や戦略について定期的に話し合っているという。

　そして、もうひとつ、オーバン・ヒューマンライブラリーがとくに力を入れているのは、市立図書館に足を運ぶ習慣がない人や、忙しくて図書館に来るのが困難な人たちのために、学校、病院、少年院、催し物や祭りの会場などでヒューマンライブラリーを開催していることである。図書館や地域の外に出ることによって、「本」自身の人生経験を広げると同時に、新しい「読者」にヒューマンライブラリーを経験してもらううえでも有益だという[14]。さらに、より多くの人にヒューマンライブラリーを経験してもらえるよう、オーバンでは新聞やラジオなどの地元メディアに加えて、インターネットの動画を活用したヒューマンライブラリーの広報を行っている。

　このように、ヒューマンライブラリーを継続させていくなかで重要なのは、常に新しい「本」を地域住民から集めたり、ひとりの

「本」がいくつもの「章」を準備したりするなど、「読者」にヒューマンライブラリーを飽きさせないようにする工夫だという。マーティン氏はいう。

> ヒューマンライブラリーは、新しい「本」や物語をもち込まないと、陳腐になる危険性があります。「本」は、新しくて新鮮のままでなければなりません。確実に言えることは、ヒューマンライブラリーのようなプロジェクトには多くのエネルギーが要るということです。ただ座って休んでいればよいのではありません。常に「本」を補充してゆかなければならないのです。

1でも述べたように、ヒューマンライブラリーに対するオーストラリア連邦政府からの資金援助はすでに終わっている。ALIA会長とのインタビューでは、「ヒューマンライブラリーズ・オーストラリア」のホームページの運営や、ヒューマンライブラリーの効果研究を行うための資金が不足しているという声も聞かれた。しかし、現在はマーティン氏やキンズレー氏のように、主体的に活動する司書が互いに連携しながらそれぞれの地域の市議会から運営資金を集め、ニューサウスウェールズ州を中心にオーストラリア各地でヒューマンライブラリーの広報や啓蒙活動を展開している。オーストラリアのヒューマンライブラリーはすでにピークを迎えたという認識があることはすでに紹介したとおりだが、ヒューマンライブラリーがこの国で着実に拡大してきた背景には、こうした人々の熱意と行動力があることを忘れてはならない。

また、多文化社会オーストラリアでは、地域の多様性に対応するための公共サービスを提供する場として、公立図書館への期待があ

ることも見逃してはならないだろう。ヒューマンライブラリーを他の多様性トレーニングや教育プログラムと組み合わせることで、地域住民の異文化理解や、オーストラリアに来たばかりの人々の地域への適応に効果を上げることも期待されている。

　最後に、「傾聴のモデル」では明確にされなかった、偏見低減から見たヒューマンライブラリーの波及効果や長期的効果についてマーティン氏とドレッハー氏に尋ねたところ、両氏ともに研究が必要という意見であった。しかし、マーティン氏は運営者としての立場から、「ヒューマンライブラリーは、人々の考え方を変えるうえで好ましい影響を与えています。今後も偏見を拒否しながら、受容的で寛容な人々の行動を強化することが重要だと思います」と偏見低減への有効性を語った。ドレッハー氏は、今後の研究課題を次のように述べた。

　　　社会に存在するステレオタイプや誤解は、その社会の政治や制度を反映しています。そのなかで、社会の制度・政治・構造・認知などを変えるためには、どのような戦略のもとで個人と個人の異文化接触が行われればよいのでしょうか。ヒューマンライブラリーを運営している人々の情熱をそがないように注意しながら、ヒューマンライブラリーがもつ複雑な影響力を明らかにしたいと思っています。

# おわりに

　以上、オーストラリアにおけるヒューマンライブラリーのはじまりから、オーストラリアで中心的な役割を担ってきたリズモーとオーバンのヒューマンライブラリーの現状について紹介した。

ヒューマンライブラリーの運営には、多くの心理的・物理的・社会的・文化的・政治的な状況が作用するため、その成果を評価する際には、過度の単純化や画一化は慎まなければならない。すでに述べたように、偏見の低減から見た波及効果や効果の持続性についての客観的な評価研究は未だになく、今後の課題である。しかし、市立図書館を拠点とするヒューマンライブラリーの実践は、地域の人々を結びつけ、否定的なステレオタイプや偏見を低減させるうえで効果があると多くの人が感じていたこと、また、ヒューマンライブラリーの否定的な影響について尋ねても誰からも回答がなかったことは、地域に根ざしたヒューマンライブラリーの有効性を支持する事実として認識されるべきだろう。

　さらにもうひとつ重要なのは、地域の連帯や偏見の低減というより望ましい未来を想像し、行動を通して創造しようと試みる、地域の「そうぞうりょく（想像力・創造力）」である。

・何かを達成したいと願う創始者の情熱
・多様な価値やニーズをもった人々の目的の共有化
・中心人物を核とした実施目的に沿った組織的な運営
・地域の内外でそれぞれの人がもつ資源の共有
・プロジェクトの拡大や制度化に向けた行政への働きかけ
・評価と改善のサイクル

以上のような、地域住民が互いに働きかけ力を発揮しあう土壌こそが、多様性に開かれた地域や社会づくりには必要なのかもしれない。今回の調査を通して、偏見の低減とは、もつ側ともたれる側の心理という、二項対立的な個人の心の問題として片づけるのではなく、個人を取り巻く地域や社会が継続的に取り組むべき課題である

ことを再確認することができた。

201X 年 X 月 X 日。そう遠くない未来に、本書を手にされた方によって地域住民の、地域住民による、地域住民のためのヒューマンライブラリーが実施されることを期待したい。

【注】
(1) 本章執筆の準備にあたり、インタビューへの協力や関連資料の提供をしてくださった方々、とくにリズモーでオーストラリア初のヒューマンライブラリーを立ち上げたサビーナ・バルトゥルヴァイト氏とショーナ・マッキンタイヤー氏、リズモー市立図書館のルーシー・キンズレー氏、サザンクロス大学のロバート・ガーバット氏、オーストラリア図書館協会(ALIA)会長のスー・ハトレー氏、オーバン市立図書館のジェン・マーティン氏、ウーロンゴン大学のターニャ・ドレッハー氏に厚く御礼申し上げます。また、リズモーを学生と訪問した際に多大なるご尽力をいただいたサザンクロス大学のジョン・ダウド総長、ビーチェン・ゴー氏、マクラレン温子氏、そして、日豪のヒューマンライブラリーや暮らしの豊かさについて対話する機会を与えてくださったリズモー市民の皆様に心より感謝申し上げます。
(2) http://humanlibrary.org
(3) http://www.humanlibraries.org.au
(4) "A national strategy for building communities together"
(5) "Connecting communities conversation by conversation"
(6) Rennie, D. (2005) "Library that's having a lend of us." *Sydney Herald Morning*, 27-28 August, 2005.
(7) ナチスによるユダヤ人大虐殺のことをいう。
(8) 近年、オーストラリアでは、アジア系移民や留学生を狙った暴力事件が多発している。2005年12月には、シドニーのクロヌラビーチで中東系住民と白人住民の対立による暴動事件が発生し、世界中のメディアで取り上げられた。
(9) 原典は「リビングライブラリー」であるが、「ヒューマンライブラリー」への名称変更にともない、本章では「ヒューマンライブラリー」を用いる

ことにする。
(10) 本章におけるインタビュー協力者の氏名ならびに引用箇所の掲載はすべて本人の了解を得ている。
(11) Living in Harmony Program
(12) National Living Library Implementation Strategy
(13) リズモー市立図書館では、事前にヒューマンライブラリーに関する資料を「本」としての参加希望者に読んでもらってから、約2時間のトレーニングを行っている。
(14) リズモーでも近隣の学校でヒューマンライブラリーを実施することがあるが、リズモーの約2倍の人口を抱え、より多くの移民や難民が住むオーバンのほうが、ヒューマンライブラリーへのニーズは高いのかもしれない。

【引用文献】

工藤和宏編（2011）『獨協大学リビングライブラリー――日頃気付かない自分に気付こう（2010年度ゼミ研究報告書）』獨協大学外国語学部工藤和宏研究室

Abergel, R., Rothemund, A., Titley, G., & Wootsch, P. (2005) *Don't judge a book by its cover! The Living Library organiser's guide*, Budapest, Hungary: Council of Europe Publishing

Baltruweit, S., McIntyre, S., & Garbutt, R. (2007) "Lismore's Living Library: Building communities conversation by conversation." *New Community Quarterly*, Vol. 5 (4), 11-15

Garbutt, R. (2008) "The Living Library: Some theoretical approaches to a strategy for activating human rights and peace." In R. Garbutt (ed.) *Activating human rights and peace: Universal Responsibility Conference 2008 conference proceedings*, Lismore NSW, Australia: Centre for Peace and Social Justice, Southern Cross University, 270-278

Kinsley, L. (2009) "Lismore's Living Library: Connecting communities through conversation." *Aplis*, Vol. 22 (1), 20-25

Kudo, K., Motohashi, Y., Enomoto, Y., Kataoka, Y., & Yajima, Y. (2011) "Bridging differences through dialogue: Preliminary findings of the outcomes of the Human Library in a university setting." *Proceedings of the 2011 Shanghai International Conference on Social Science (SICSS)* [CD-ROM]. Retrieved 9 October 2011 from the Human Library Website: http://humanlibrary.org/paper-from-dokkyo-university-japan.html

# おわりに

　グローバル化の進展とともに、学問も国内に留まるのではなく、国際の観点から研究されなければ意味をもたない時代になってきた。それにともなって、多くの学会の研究テーマも、以前ならば異文化間教育学会が扱っていたであろう「国際」に関連するものが増え、「国際」はすでに異文化間教育学会の独占物ではなくなった。しかし、このことは今の社会を考えてみれば当然の流れであり、学問にとっては歓迎すべきことである。

　異文化間教育学会が、「国際」ではなく「異文化間」と称していることを、今あらためて考え、「国際」を含むより大きな観点からもう一度学会の土台を確認し、補強し、展開させる必要性が熟してきているのを感じる。

　その観点から、2011年には本学会にとってエポックとなる2つのイベントが行われた。その1つは、本書を生み出すことになった異文化間教育学会第32回大会（お茶の水女子大学）である。加賀美常美代大会実行委員長の高い見識から、偏見の低減というテーマが大会校主催シンポジウムに選定され、そこで「国際」に限定されないより広い意味での「多様性」と偏見の問題が取り上げられたことは、本学会の新しい展開を具体的に示唆するものである。

　もう1つのイベントは、この大会に続いて11月23日に開催された異文化間教育学会創立30周年を記念するシンポジウムである。このシンポジウムでは、「多文化社会を担う人づくり」がテーマとなった。基調講演には東北の震災被災地で住民とともに活躍する若者を支援するNPO法人の代表が招かれ、「現場」という多様性、異

質性に富む活動の場で如何に若者が育っていったかが語られたし、また、本書で扱ったヒューマンライブラリーに関わる学生たちの活動が本書の編者・執筆者である工藤和宏氏により紹介された。「国際」に限らない「多様性」の観点が至るところにみられたことは、非常に感慨深いものであった。

多様な背景、多様な生き方を寛容に受けとめ、開かれた社会を構築していくために、偏見の問題は避けて通ることができない。偏見は大なり小なり誰しもがもち、全て無くしてしまうということはできないものではあるが、それでも本書が、多少なりともこの問題に迫る道を開くことができたならば幸いである。

最後に、このシンポジウムと本書の執筆に参加してくださった皆様、ならびに辛抱強く編集の作業を支えてくださった明石書店の大江道雅さんに心より感謝したい。

2011年12月21日<br>
異文化間教育学会理事長　横田 雅弘

# 編者・執筆者紹介（※は編者）

**加賀美 常美代（かがみ とみよ）［はじめに、第1章、第5章］** ※

山梨県生まれ。慶應義塾大学文学部卒業、慶應義塾大学大学院社会学研究科修士課程修了。社会学修士。東北大学大学院文学研究科博士後期課程修了。文学博士（心理学）。三重大学専任講師、お茶の水女子大学基幹研究院教授を経て、現在、目白大学心理学部心理カウンセリング学科教授。お茶の水女子大学名誉教授。お茶の水女子大学附属中学校元校長（2015～2018年度）。異文化間教育学会元理事長（2013～2016年度）、現在、異文化間教育学会理事、多文化間精神医学会評議員、日本学術会議連携会員（24期・25期）。専門は異文化間心理学、異文化間教育、コミュニティ心理学。

［主な著書］『異文化間葛藤と教育価値観——日本人教師と留学生の葛藤解決に向けた社会心理学的研究』（単著、明石書店、2019年）、『多文化社会の葛藤解決と教育価値観』（単著、ナカニシヤ出版、2007年）、『多文化な職場の異文化間コミュニケーション——外国人社員と日本人同僚の葛藤・労働価値観・就労意識』（編著、明石書店、2020年）、『異文化間教育学大系2巻　文化接触のダイナミズム』（共編著、明石書店、2016年）、『多文化共生論——多様性理解のためのヒントとレッスン』（編著、明石書店、2013年）、『アジア諸国の子ども・若者は日本をどのようにみているか——韓国・台湾における歴史・文化・生活にみる日本イメージ』（編著、明石書店、2013年）、『阪神・淡路大震災における被災外国人学生の支援活動と心のケア』（共編著、ナカニシヤ出版、1999年）等

**横田 雅弘（よこた まさひろ）［第6章、おわりに］** ※

東京都生まれ。ハーバード大学教育学大学院修士課程修了、東京学芸大学にて学術博士（教育）。一橋大学留学生センター教授を経て2008年度より明治大学国際日本学部教授。2014～2017年度国際日本学部長。2009年～2012年度異文化間教育学会理事長、現常任理事。留学生教育学会理事。日本ヒューマンライブラリー学会副会長。専門は留学生アドバイジング、留学生政策論、まちづくり教育論、ヒューマンライブラリーの実践・研究。

［主な著書］『留学生アドバイジング』（白土悟と共著、ナカニシヤ出版、2004年）、『ヒューマンライブラリー』（坪井健、工藤和宏と共編著、明石書店、2018年）、『海外留学がキャリアと人生に与えるインパクト』（太田浩、新見有紀子と共編著、学文社、2018年）

**坪井 健（つぼい つよし）[第7章] ※**

岡山県生まれ。東洋大学大学院社会学研究科博士課程満期退学。現在、東京ヒューマンライブラリー協会代表理事。駒澤大学名誉教授。日本ヒューマンライブラリー学会理事長。専門は社会学・社会心理学。学生文化の比較研究、留学交流研究、ヒューマンライブラリー研究。

［主な著書］『国際化時代の日本の学生』（単著、学文社、1994年）、『現代中国の生活変動』（共編著、時潮社、2007年）、『新しい社会学を学ぶ』（編著、学文社、2010年）、『ココロのバリアを溶かす——ヒューマンライブラリー事始め』（編著、人間の科学社、2012年）、『ヒューマンライブラリー——多様性を育む「人を貸し出す図書館」の実践と研究』（共編著、明石書店、2018年）、『ヒューマンライブラリーへの招待——生きた「本」の語りが心のバリアを溶かす』（単著、明石書店、2020年）

**工藤 和宏（くどう かずひろ）[第8章] ※**

東京都生まれ。ラトローブ大学大学院教育学研究科修士課程修了（教育学修士）。獨協大学大学院外国語学研究科博士後期課程単位取得退学。現在、獨協大学外国語学部准教授。異文化間教育学会常任理事。専門は、異文化間教育、国際高等教育。

［主な著書］*Higher Education in the Asia-Pacific: Strategic Responses to Globalization*（分担執筆、Springer、2011年）、『異文化間教育学大系4 異文化間教育のフロンティア』（分担執筆、明石書店、2016年）、『ヒューマンライブラリー——多様性を育む「人を貸し出す図書館」の実践と研究』（共編著、明石書店、2018年）

**佐藤 千瀬（さとう ちせ）[第2章]**

東京都生まれ。東京学芸大学大学院連合学校教育学研究科修了（教育学博士）。現在、聖学院大学人文学部准教授、聖学院大学大学院文化総合学研究科兼任。専門は異文化間教育、幼児教育。

［主な著書］『特別支援教育への扉』（鈴木陽子他と共著、八千代出版、2004年）『多文化保育・教育論』（分担執筆、みらい、2014年）、『異文化間教育学体系3 異文化間教育のとらえ直し』（分担執筆、明石書店、2016年）

### 手塚 章太朗（てづか しょうたろう）[第 3 章 -1]

1976 年埼玉県生まれ。単純性血管腫（赤アザ）を顔の左半面に持つ。大正大学人間学部人間福祉学科臨床心理学専攻卒。精神保健福祉士。大学卒業後、主に障害者福祉分野で施設支援職や相談支援職に従事。東松山障害者就労支援センター職員。2010 年より「ユニークフェイス」「マイフェイスマイスタイル」に協力し、当事者活動に参加。2010 年に駒澤、獨協、明治の 3 大学で、2011 年には駒澤、明治の 2 大学でヒューマンライブラリーに「本」として参加。

### 坂田 麗子（さかた れいこ）[第 3 章 -2]

東京都生まれ。早稲田大学院日本語教育研究科修了（日本語教育学修士）。早稲田大学日本語教育研究センターインストラクター任期付、韓国ソウル特別市淑明女子大学校日本学科助教授、上智大学言語教育研究センター常勤嘱託講師を経て、現在、国際基督教大学日本語教育プログラム特任講師。専門は年少者日本語教育。

### 浅井 暢子（あさい のぶこ）[第 4 章]

千葉県生まれ。神戸大学大学院文化学研究科修了（学術博士）。名古屋大学博士研究員、東北大学研究員を経て、現在、京都文教大学総合社会学部准教授。専門は社会心理学。
[主な著書]*Inequality, Discrimination and Conflict in Japan: Ways to Social Justice and Cooperation*（共編著、Trans Pacific Press、2012 年）

### 守谷 智美（もりや ともみ）[第 5 章]

岡山県生まれ。お茶の水女子大学大学院人間文化創成科学研究科博士後期課程単位取得退学（博士（人文科学））。桜美林大学非常勤講師、お茶の水女子大学アソシエイトフェロー、早稲田大学日本語教育研究センター准教授等を経て、現在、岡山大学全学教育・学生支援機構基幹教育センター准教授。専門は異文化間教育、日本語教育。
[主な著書]『外国人研修生の日本語学習動機と研修環境——文化接触を生かした日本語習得支援に向けて』（単著、明石書店、2020 年）、『多文化共生論——多様性理解のためのヒントとレッスン』（分担執筆、明石書店、2013 年）、『アジア諸国の子ども・若者は日本をどのようにみているか——韓国・台湾における歴史・文化・生活にみる日本イメージ』（分担執筆、明石書店、2013 年）

**酒井(村越) 彩(さかい(むらこし) あや)[第5章]**
宮城県生まれ。お茶の水女子大学大学院人間文化創成科学研究科博士後期課程修了(博士(人文科学))。現在、福岡女学院大学人文学部メディア・コミュニケーション学科准教授。専門は異文化間教育、日本語教育。

**岡村 佳代(おかむら かよ)[第5章]**
静岡県生まれ。お茶の水女子大学大学院人間文化創成科学研究科博士後期課程修了(博士(人文科学))。専修大学、大妻女子大学非常勤講師を経て、現在、聖学院大学基礎総合教育部教授。専門は異文化間教育。
[主な著書]『多文化共生論――多様性理解のためのヒントとレッスン』(分担執筆、明石書店、2013年)

**黄 美蘭(こう びらん)[第5章]**
中国吉林省生まれ、お茶の水女子大学大学院人間文化創成科学研究科博士後期課程修了(博士(人文科学))。現在、東京都立大学国際センター特任助教。専門は異文化間教育、日本語教育。

**冨田 裕香(とみた ひろか)[第5章]**
富山県生まれ。お茶の水女子大学大学院人間文化創成科学研究科博士前期課程修了(修士(人文科学))。専門は異文化間教育。

## 異文化間教育学会について

異質な文化の接触によって生ずるさまざまな教育の問題を研究対象として取り上げ、その研究を促進するとともに、実践的にも貢献することを目的として、1981年に設立された学会です。これまでは、例えば、海外・帰国子女教育、国際理解教育、外国語・日本語教育、留学生教育といった「国際」に関連する領域をその対象としてきましたが、現在では本書でも取り上げられているように、「国」に限らず「文化・社会」的背景の多様性に目を向けた研究と実践にも取り組んでいます。

詳しくはホームページ（http://www.intercultural.jp/）をご参照ください。

## 多文化社会の偏見・差別
―― 形成のメカニズムと低減のための教育

2012年4月20日　初版第1刷発行
2021年7月30日　初版第4刷発行

| | |
|---|---|
| 編著者 | 加賀美常美代・横田雅弘 |
| | 坪井健・工藤和宏 |
| 企　画 | 異文化間教育学会 |
| 発行者 | 大　江　道　雅 |
| 発行所 | 株式会社明石書店 |

〒101-0021 東京都千代田区外神田6-9-5
電　話　03（5818）1171
ＦＡＸ　03（5818）1174
振　替　00100-7-24505
https://www.akashi.co.jp

| | |
|---|---|
| 組版 | 株式会社オフィスバンズ |
| 装幀 | 藤本義人 |
| 印刷・製本 | モリモト印刷株式会社 |

Printed in Japan

ISBN978-4-7503-3581-0
（定価はカバーに表示してあります）

**JCOPY** 〈出版者著作権管理機構 委託出版物〉
本書の無断複製は著作権法上での例外を除き禁じられています。複製される場合は、そのつど事前に、出版者著作権管理機構（電話 03-5244-5088、FAX 03-5244-5089、e-mail: info@jcopy.or.jp）の許諾を得てください。

## ヒューマンライブラリーへの招待
生きた「本」の語りがココロのバリアを溶かす
坪井健著
◎2000円

## 多文化共生論 多様性理解のためのヒントとレッスン
加賀美常美代編著
◎2400円

## 多文化な職場の異文化間コミュニケーション
外国人社員と日本人同僚の葛藤・労働価値観・就労意識
加賀美常美代編著
◎3800円

## 異文化間葛藤と教育価値観
日本人教師と留学生の葛藤解決に向けた社会心理学的研究
加賀美常美代著
◎3000円

## アジア諸国の子ども・若者は日本をどのようにみているか
韓国・台湾における歴史・文化・生活にみる日本イメージ
加賀美常美代編著
◎2400円

## 多文化共生のためのテキストブック
松尾知明著
◎2400円

## 「移民時代」の多文化共生論 想像力・創造力を育む14のレッスン
松尾知明著
◎2200円

## まんが クラスメイトは外国人 課題編 私たちが向き合う多文化共生の現実
「外国につながる子どもたちの物語」編集委員会編
みなみななみ まんが
◎1300円

## ホワイト・フラジリティ 私たちはなぜレイシズムに向き合えないのか?
ロビン・ディアンジェロ著 貴堂嘉之監訳 上田勢子訳
◎2500円

## 無意識のバイアス 人はなぜ人種差別をするのか
ジェニファー・エバーハート著 山岡希美訳 高史明解説
◎2600円

## 日常生活に埋め込まれたマイクロアグレッション
人種・ジェンダー・性的指向:マイノリティに向けられる無意識の差別
デラルド・ウィン・スー著 マイクロアグレッション研究会訳
◎3500円

## 「人種」「民族」をどう教えるか
創られた概念の解体をめざして
中山京子・東優也・太田満・森茂岳雄編著
◎2600円

## 世界を動かす変革の力 ブラック・ライブズ・マター共同代表からのメッセージ
アリシア・ガーザ著 人権学習コレクティブ監訳
◎2200円

## ジェンダーについて大学生が真剣に考えてみた あなたがあなたらしくいられるための29問
佐藤文香監修 一橋大学社会学部佐藤文香ゼミ三生一同著
◎1500円

## 新版 差別論 偏見理論批判
佐藤裕著
明石ライブラリー 166
◎2800円

## ヘイトスピーチ 表現の自由はどこまで認められるか
エリック・ブライシュ著 明戸隆浩、池田和弘、河村賢、小宮友根、鶴見太郎、山本武秀訳
◎2800円

〈価格は本体価格です〉